高森明勅

「女性天皇」の成立

GS

幻冬舎新書

631

はじめに
——皇位の安定継承という最優先課題

「平成」から「令和」に時代が移って、すでに二年あまりが経過した。

元号が改まる時の国民的な盛り上がりが半端ではなかった。天皇陛下のご即位に伴う一連の儀式への関心も高かった。

私もテレビの特別番組などに出演したが、人々の皇室への関心の高さを実感する機会が多かった。記憶の中にある「昭和」から「平成」への改元の際の雰囲気とは、大きく様相が異なる。

もちろん、その時は昭和天皇が亡くなられたことに伴う〝悲しみの改元〟だった。今回の場合は上皇陛下のご譲位による〝喜びの改元〟だから、基調となるムードがまったく違っていて当たり前だ。でもそれだけではない。

三十年以上にわたって、上皇陛下がひたすら国民のために尽くしてこられた事実が、昭和時代には戦争の〝暗い影〟とも結びつけられがちだった「天皇」のイメージを塗り替えた結果という一面も、見落とせない。

日本人にとっての「天皇」像は、昭和における戦後の一時期に比べると、はるかに穏やかで慎み深く、素直な敬愛の気持ちを含んだものへと、健全化しているのではあるまいか。

しかしその一方で、令和になって以来、政府が果たすべき〝約束〟を、ひたすら先延ばししてきた残念な事実がある。

その約束とは何か。皇位の安定継承を目指す皇室制度の改正に他ならない。

上皇陛下は、高齢による身体の衰えによって、国民に寄り添うという象徴天皇の「務め」を十分に果たせなくなることを懸念して、ご譲位を望むご自身のお気持ちをにじませられたビデオメッセージを公表された（平成二十八年八月八日）。

そのしめくくりの部分では、皇位の安定継承への願いも吐露しておられた。

「これからも皇室がどのような時にも国民と共にあり、相たずさえてこの国の未来を築いていけるよう、そして象徴天皇の務めが常に途切れることなく、安定的に続いていくことをひとえに念じ、ここに私の気持ちをお話しいたしました」と。

これはかなり率直なご自身の思いのご表明だろう。〝天皇〟という当時のお立場に伴う厳しい制約を考えると、ほとんどギリギリの言い方ではあるまいか。

よほど強いお気持ちがその背景にあると拝察できる。

しかし、天皇は憲法上、「国政に関する権能を有しない」（第四条）とされる。従って、このビデオメッセージによって政府との間に、直接、何らかの〝約束〟が成り立つということはない。

そうではなくて、政府が皇位の安定継承に向けて取り組むべき約束を背負うことになったのは、国会との関係においてだった。

上皇陛下のご譲位を可能にした「天皇の退位等に関する皇室典範特例法」が成立した時、国会は全会一致で附《ふ》帯《たい》決議を行った（平成二十九年六月）。そこには上皇陛下のお気持ちに応《こた》える内容が盛り込まれていた。

「政府は、安定的な皇位継承を確保するための諸課題、女性宮家の創設等について、皇族方の御年齢からしても先延ばしすることはできない重要な課題であることに鑑《かんが》み、本法（皇室典範特例法）施行後速やかに……検討を行い、その結果を、速やかに国会に報告すること」

「（政府から）報告を受けた場合においては、国会は、安定的な皇位継承を確保するための方策について、『立法府の総意』が取りまとめられるよう検討を行うものとする」と。

ビデオメッセージと附帯決議。それぞれ別々に、上《うわ》っ面《つら》だけ眺めたのでは気づかないかも知れない。しかし、少し丁寧に両者を照らし合わせてみると、興味深い呼応関係を読み取ることができるだろう。

国会の各党・会派の主観的な意図はともあれ、客観的に見ると、上皇陛下のお呼びかけに応えるべきことを、決議という形で政府に求めたことになる。

政府は「附帯決議の趣旨を尊重」することを、繰り返し国会で答弁してきた（たとえば平成三十一年三月十三日の参院予算委員会での安倍晋三首相の答弁など）。よって、政府はどうしてもその約束を果たさなければならないのだ。

ところが政府は、国会での答弁とはうらはらに、特例法が平成三十一年四月三十日（平成の最後の日）に施行された後も、「速やかに」検討を始めないで、「先延ばし」を続けてきた。

本文で述べるような〝迷走〟の末に、やっと同附帯決議に応えるために有識者会議を立ち上げたのは、今年（令和三年）の三月になってからだ。

ほとんど二年近く、オープンな議論から逃げ続けたことになる。

さらに、せっかく有識者会議が設けられたのに、ヒアリング実施後の取りまとめの仕方を見ると、いかにも「竜頭蛇尾《りゆうとうだび》」（始めは威勢がよいが、終わりにはまったく勢いがなくなること）の感をまぬがれない。

附帯決議が求めた「安定的な皇位継承を確保するための諸課題」への検討は又ぞろ「先延ばし」して、目先だけの〝皇族数の減少対策〟に問題をスリ替えてしまったように見える。

同会議の政府への「答申」の方向性がはらんでいる問題点については、本文でしっかり立ち入って検証しよう。

畏《おそ》れ多いが、他の誰よりも、天皇陛下と上皇陛下こそが、そのことに最もお心を痛めておられるのではないかと、僭越《せんえつ》ながら拝察申し上げる。

現在の皇位継承にかかわる制度は「構造的」な欠陥をかかえている。それをそのまま放置すれば、やがて皇位継承者が不在（！）になるのは避けられない。「象徴天皇の務めが常に途切れることなく、安定的に続いていくこと」は不可能になってしまう。

実際に、今や天皇陛下の〝次の世代〟で皇位の継承資格をお持ちなのは、秋篠宮《あきしののみや》家のご長男、悠仁《ひさひと》親王殿下お一方だけになっている。

局面は極めて深刻だ。

政治は常に多くの課題と向き合っている。だから、優先順位をどうつけるかこそが、重要だ。

いかなる政治課題であれ、日本の長い歴史を貫いて存在し続け、今も「日本国の象徴」であり「日本国民統合の象徴」である、天皇という特別な地位それ自体の存亡に直結する問題ほど、重大で切実なものは他にあるまい。

日本という国の秩序を維持し、国民の結合を保つ上で大きな役割を果たしておられる「天皇と皇室」が今、どのような危機に直面しているのか。

その危機を突破するためにはどうすればよいのか。

現代日本がつきつけられている最優先の課題と言うべき「皇位の安定継承」をめぐる主な論点について、できるだけ平易《へいい》明快に整理しよう。

「女性天皇」の成立／目次

第三章 歴史の中の「女性天皇」 79

第四章 憲法の中の「象徴天皇」 133

第五章　これが正解！皇室典範改正案　169

DTP　美創

第一章 「女性天皇」を締め出す政府の思惑

女性・女系天皇、議論せず

令和二年二月十六日付「読売新聞」の一面トップに「女性・女系天皇　議論せず／政府方針　皇位継承順位　維持／立皇嗣《りっこうし》の礼《れい》後に確認」というスクープ記事が載って、皇位継承の行方に不安を抱く人たちを驚かせた。この記事の一部を紹介すると、次の通り。

「政府は、皇位継承のあり方をめぐる議論で女性・女系天皇を対象としない方針を固めた。男系男子が皇位を継ぐ皇室制度を維持する。秋篠宮《あきしののみや》さまが継承順位一位の皇嗣となられたことを広く示す『立皇嗣の礼』が行われる四月下旬以降、こうした考えを確認する見通しだ」

「政府はこれまで、非公式に学識経験者らに接触し、それぞれの意見を聞き取ってきた。これを踏まえ、女性・女系天皇を実現するための法整備は見送ることにした。公の場で議論を行うための有識者懇談会も設けない方向だ」

「性別にかかわらず天皇の直系子孫の長子（第一子）を優先した場合……秋篠宮さまの皇嗣（皇位継承順位が第一位）としての地位見直しにつながるだけでなく、悠仁《ひさひと》さまが天皇につけない可能性も出てくる。そうなれば、『皇室の安定性を損ないかねない』（政府関係者）と判断した」

この記事のポイントは三点。

その一は、政府の方針として、皇位継承をめぐる制度改正を検討する際に、〝女性天皇・女系天皇〟の可能性はあらかじめ排除するということ。

その二は、この問題をオープンに討議する諮問機関（有識者懇談会？）を設けないということ。

その三は、今の制度のもとでの皇位継承の順位（第一位＝秋篠宮殿下、第二位＝悠仁親王殿下、第三位＝常陸宮《ひたちのみや》殿下）は変更しないということ。

こうした方針を「立皇嗣の礼」挙行後に「確認する見通し」なのに、何故このタイミングで（いわば未確認のはずの）情報が早々と新聞に流れたのか。おそらく、政界や世論の反応を探ろうとする政府サイドの意図的なリークと考えるのが、自然だろう。

政府が「非公式に学識経験者らに接触し」ていた事実は、この報道が出る前から私はつかんでいた。と言うのは、〝接触〟を受けた「学識経験者」の当事者（複数）から、婉曲にその事実を伝えられていたからだ。ちなみに私自身への接触はなかったが。

この記事が、皇位継承のあり方に関心をもつ人々を驚かせたのは何故か。

政府は、上皇陛下のご譲位を可能にした皇室典範特例法の附帯決議によって、「安定的な皇位継承を確保するための諸課題」について検討することを〝約束〟させられていた。にもかかわらず、そのためには決して避けて通ることができないはずの「女性・女系天皇」という〝課題〟を、議論の対象から外してしまった。これはすなわち、附帯決議への〝ゼロ回答〟以外の何ものでもないからだ。

皇位継承の行方を不安定なものにしてしまっている原因とは何か。現在の皇室典範がかかえる「構造的」な欠陥が原因だ。

では、その構造的欠陥とは何か。それは、明治の皇室典範では〝セット〟で制度化されていた、①正妻以外の女性（側室）のお子様（非嫡出子）やその子孫（非嫡系）であっても、皇位継承資格を認めることと、②皇位継承資格を「男系の男子」というかつて例を見ない極めて〝窮屈〟な条件に縛ること、という二つのルールのうち、①を除外しながら、②〝だけ〟を採用していることだ。

たったお一方だけの天皇の正妻（皇后）から代々、必ずお一方以上の男子がお生まれになることを期待するのは、無理だ。

そこで以前、「男尊女卑」（男性を尊重し、女性は男性に従うものとして見下すこと）の考え方が社会に広く行き渡っていた時代には、「男系の男子」を確保するために側室の存在が公然と認められ、制度化さえされていた。

側室のお子様も、継承順位の点で嫡出子の後ろに回されていたものの、継承資格が与えられていた事実がある。これは当時の価値観に照らして、特に非難されるべきことではなかった。

しかし、現代においてそのようなルールが許されるはずはない。現に、昭和二十二年に制定された今の皇室典範では、非嫡出子（および非嫡系）には継承資格を認めていない（第六条）。ならば、側室の存在と非嫡出子の継承可能性を前提としてこそ可能だった、「男系の男子」という継承資格の〝縛り〟も一緒に解除するのが当然だった。しかし、それは見送られていた。

これこそが今の典範の「構造的」欠陥だ。

従って、附帯決議で約束した通り皇位の安定継承を本気で目指すのであれば、「男系の男子」という縛りの見直し、つまり「女性・女系天皇」の可能性を視野に入れた議論が欠かせないはずだ。しかし、それを「対象としない方針」であれば、まさにゼロ回答と言わざるをえない。

国民の代表機関である国会との約束であり、しかも極めて重要な皇位継承にかかわる課題に対し、あまりにも不誠実な政府の対応ぶりだった。

前代未聞の「立皇嗣の礼」

先の記事に「『立皇嗣の礼』が行われる四月下旬以降、こうした考えを確認する見通し」とあった。しかし、新型コロナウイルス感染症の感染拡大の影響により儀式の挙行が延期され、実際に行われたのは同年十一月八日だったことは周知の通り。

改めて振り返ると、この「立皇嗣の礼」については二つの不審点が残っている。

一つは、そもそもこのような前代未聞の儀式を行うべき必然性があったのか、ということ。

もう一つは、この儀式が天皇陛下のご即位に伴う〝一連の儀式〟と位置づけられたことだ。

これらについては、一般にその奇妙さがほとんど気づかれていないと思うので、少し触れてみたい。

まず「立皇嗣の礼」それ自体の不可解さについて。

これについて考える場合、「皇嗣」と「皇太子」の違いをきちんと整理しておく必要がある。

「皇嗣」は〝(その時点で)皇位継承順位が第一位の皇族〟を一般的に意味する。これに対して、その皇嗣が〝天皇のお子様(皇子)〟である場合、特に「皇太子」という称号をもたれることになる(皇室典範第八条。お孫様なら「皇太孫《こうたいそん》」)。

具体例をあげて説明しよう。今の天皇陛下の場合、平成時代は「皇太子」でいらっしゃった。上皇陛下(当時は天皇)のお子様で、もちろん皇位継承順位は第一位。だから「皇太子」。皇太子は〝次の天皇になられることが確定したお立場〟だ。その事実を内外に広く宣明するために行われるのが、近代以降の「立太子《りったいし》の礼」である(前近代の場合は、この儀式によって皇太子のお立場が固まった)。ちなみに、天皇陛下の立太子の礼は平成三年二月二十三日、満三十一歳のお誕生日当日に行われている。上皇陛下の時は昭和二十七年十一月十日、「成年式」(加《か》冠《かん》の儀《ぎ》)に引き続いて挙行された。

誤解してはならないのは、皇太子の場合、お生まれになった瞬間、又は父宮が即位された瞬間に、次の天皇になられることが「確定」する。儀式はただ、その既定の事実を〝宣明〟するまでのこと。前近代とは儀式の意味合いが異なっている。

ところが、皇太子・皇太孫つまり「直系の皇嗣」ではない、「傍系の皇嗣」の場合はどうか。儀式の〝前〟に、すでに皇嗣のお立場になっておられる点では、皇太子と事情は変わらない。しかし、次の天皇になられることが必ずしも〝確定していない〟という点で、大きく異なっている。これはどういうことか。

これも実例で説明しよう。昭和天皇の弟宮だった秩父宮《ちちぶのみや》の例を取り上げる。

秩父宮は大正天皇の第二皇子として明治三十五年六月二十五日にお生まれになった。お名前は雍仁《やすひと》親王。「大正」から「昭和」への改元当時、昭和天皇には皇位継承資格をもたない女子（照宮成子《てるのみやしげこ》内親王）しかおられなかった。そこで、昭和天皇のご即位に伴い「皇嗣」になられた。現在の秋篠宮殿下とちょうど同じパターンだ。

その後も、昭和天皇のお子様は女子が続いた（第二皇女・久宮祐子《ひさのみやさちこ》内親王、第三皇女・孝宮和子《たかのみやかずこ》内親王、第四皇女・順宮厚子《よりのみやあつこ》内親王）。この間、ほぼ八年間、秩父宮は皇嗣であり続けておられた。しかし、「立皇嗣の礼」などは行っておられない。それは何故か。傍系の皇嗣の場合、皇太子（皇太孫）と違って、次の天皇であることが〝確定〟したお立場ではないからだ。

実際、昭和八年十二月二十三日に昭和天皇の第一皇子（つまり「皇太子」）として上皇陛下がお生まれになった瞬間に、その時まで皇嗣であられた秩父宮の皇位継承順位は、皇太子の次の〝第二位〟に変更された。そのため、もはや「皇嗣」ではなくなられたのであった。

このように、傍系の皇嗣は継承順位の変動がありうるお立場だ。その点で皇太子とはまるで違う。ならば、「立太子の礼」を挙行する理由はあっても、「立皇嗣の礼」を行わなければならない必然性はないだろう。従来、このような儀式が行われなかったのは、その意味ではごく当たり前のことだった。むしろ、令和の時代に前代未聞の立皇嗣の礼が行われたことの方が不可解なのである。

なお、映像をご覧になった人であればすぐ理解できるように、この儀式の主役はもちろん天皇陛下ご自身だ。陛下が、秋篠宮殿下が皇嗣であられる事実を内外に宣明されることが、この儀式の主眼だ。秋篠宮殿下が主役の行事と勘違いしている人もいたようなので、念のために付言しておく。

ただし、これは憲法上の〝国事行為〟。なので、「内閣の助言と承認」によって行われ、「内閣が、その責任を負ふ」（第三条）べきものだ。内閣の意思によって行われ、天皇陛下や秋篠宮殿下ご自身のお考えとは直接、関係がない。

そこで少し立ち止まって考えてみると、立皇嗣の礼というのは、単に前代未聞というだけでなく、客観的には天皇・皇后両陛下が今後、決して「直系の皇嗣」には恵まれられない、という見立てを前提にしなければ行えないはずの行事であることに思い至る。実はかなり非礼で不敬な儀式だったことになろう。

議論に「枠」をはめる

もう一つの不審点は、この儀式が天皇陛下のご即位に伴う一連の儀式の中に〝組み込まれた〟ということ（「天皇陛下の御退位及び皇太子殿下の御即位に伴う国の儀式等の挙行に係る基本方針について」平成三十年四月三日、閣議決定）。これは何とも奇妙だ。「立皇嗣の礼」それ自体の不可解さは別にしても、本来の「立太子の礼」ですら、これまでご即位に伴う〝一連の〟儀式とされることはなかった。

戦後もご即位関連の儀式を挙行する際の事実上の準拠枠となってきたのは、戦前の「皇室令」の中の「登極令《とうきょくれい》」（明治四十二年二月十一日制定）だった。それには、天皇陛下が行われた「剣璽等承継《けんじとうしょうけい》の儀」（令和元年五月一日）、「即位《そくい》礼正殿《れいせいでん》の儀」（同年十月二十二日）、「大嘗宮《だいじょうきゅう》の儀」（同年十一月十四・十五日）などの前身となる儀式について規定があった（「饗宴《きょうえん》の儀」と「祝賀御列《しゅくがおんれつ》の儀」は平成からの新例）。しかし、「立太子の礼」については規定がない。それどころか、「立儲令《りっちょれい》」（「登極令」と同日に制定）という〝別の〟独立した皇室令に規定されていたのだ。

「立太子の礼」は、ご即位関連の儀式とその主旨においてまったく別の行事であり、近代以来の扱いにおいても、前近代の長い歴史の中でも、いまだかつて〝一連のもの〟と位置づけられたことは、ただの一度もない。

だから、政府は今回、ずいぶん奇妙で無理なやり方をゴリ押しした印象が強い。二重の意味で不可解なのだ。傍系の皇嗣のケースなのに前代未聞の「立皇嗣の礼」なる新式の儀式をあえて挙行したこと。それをさらに、天皇陛下のご即位に伴う一連の行事の中に組み込んだこと。これを単なる無知ゆえと見るのはナイーブすぎるだろう。厳粛であるべき皇位継承に伴う一連の流れの中で、ここまで不自然なことをあえて行ったのであれば、何らかの明確な動機があったと見るのが普通だろう。

では、その動機とは何か。

ここでおのずと想起されるのは、このたびの天皇陛下のご即位の前提となった特例法の附帯決議で、政府は皇位の安定継承への取り組みを約束させられていた事実だ。同決議では、令和になって「速やかに」検討を開始すべきことが求められていた。

これに対して、政府はご即位に伴う一連の儀式が終わった後からスタートさせるという考え方を示してきた。そして実際にそのように大幅に遅らせた。これは何故か。

天皇陛下のご即位に伴う儀式への取り組みは、平成の時に比べると政府の実務上の負担はかなり軽減されたはずだ。今の憲法下での「前例」がすでにあるし、ご譲位による皇位継承なので日程的な調整もやりやすい。さらに、崩御《ほうぎょ》に伴う対応が一切ないことも、事務方の負担を減らしたはずだ。

その上、皇位の安定継承をめぐる検討は、首相官邸内に設けられている「皇室典範改正準備室」（大西証史室長）においてこれまで相当に積み上げられているだろう。そうした事情を考えると、一連の行事と並行して検討を開始することは、実務面では必ずしも不可能ではなかったと思える。

ただし、皇位の安定継承をめぐる議論をオープンな形で始めると、対立する意見が激突して、国民こぞっての祝意の中で行われるべきご即位関連儀式の尊厳さに、水をさす結果になってしまっては畏れ多いという配慮が働いたのであれば、「先延ばし」せざるをえなかったやむをえない事情として、理解できないことはない。

しかし、ことさら「立皇嗣の礼」という新しい儀式をつくり上げ、その儀式が終わるまで議論を始めないという政府の姿勢に、何となく不明朗な雰囲気を感じとった人もいただろう。本来、継承順位の変更もありうる、〝傍系〟の皇嗣であられる秋篠宮殿下について、次の天皇になられることがあたかも「確定」した事実であるかのようなイメージを広く発信し、それによって遅れてスタートさせる皇位の安定継承をめぐる議論に、あらかじめ一定の〝枠〟をはめようとしているのではないか、と。

その立皇嗣の礼が昨年（令和二年）の四月下旬に挙行される予定だった時点で、その少し手前のタイミングを見計らったように、本章の冒頭で紹介した「読売新聞」の「女性・女系天皇　議論せず」「皇位継承順位　維持」というスクープが出た。「有識者懇談会」を設けて「公の場で議論を行う」こともしない、と。前述の通り、まったくの〝ゼロ回答〟。こうしたやり方を見せつけられると、立皇嗣の礼の舞台裏がどのようなカラクリになっていたのか、ほぼ察することができるような気がする。

そして十一月に延期になった立皇嗣の礼がつつがなく終わった後のタイミングで、又ぞろ「読売新聞」（十一月二十四付）の一面トップに衝撃的な記事が載った（この時は共同通信のスクープだったとも聞いているが）。

「皇女」プランのお粗末さ

見出しは次の通り。

「皇族女子　結婚後に特別職／『皇女《こうじょ》』創設　政府検討」「皇室活動継続／女性宮家見送り」

中身の一部を紹介しよう。

「政府は、皇族減少に伴う公務の負担軽減策として、結婚後の皇族女子を特別職の国家公務員と位置づけ、皇室活動を継続してもらう制度を創設する検討に入った。『皇女』という新たな呼称を贈る案が有力視されている。皇族女子が結婚後も皇室にとどまる『女性宮家』の創設は見送る方向だ」

「政府は年内にも皇女の創設案を大島衆院議長に報告する方向で調整している」

政府が国会に約束したのは何だったか。繰り返すまでもあるまい。「安定的な皇位継承を確保するための諸課題」「女性宮家の創設等」への検討だ。

「皇族減少に伴う公務の負担軽減策」など誰も求めていない。それなのに、結局「公の場で議論を行うための有識者懇談会も設けない」まま、皇位の安定継承という肝心のテーマは黙殺。女性宮家は「見送り」とは。国会の附帯決議を裏切るにもほどがある。

しかも、「皇女」プランなる劣悪な制度を新しく導入しようとしていることが判明した。政府は同プランで附帯決議への対応にスリ替えようと図っていたのだ。

ところがたまたま報道の翌日、私が同憂の人たちと以前から計画していたシンポジウムが開催された。「緊急シンポジウム　皇位の安定継承に向けて――もはや『先延ばし』は許されない！」だ。登壇者は、私以外は関東学院大学教授の君塚直隆氏、漫画家の小林よしのり氏、コラムニストの矢部万紀子氏など。会場は参院議員会館の大会議室だった。そのため、国会議員の方々にもご参加いただいた。さらに各メディアも取材に駆けつけてくれた。

私の「皇女」プランへの批判のポイントは至ってシンプルだ。

①同プランを採用しても、未婚の女性皇族（内親王・女王）がご結婚と共に皇族の身分を離れられることには変わりがない。だから、皇位の安定継承にはまったく寄与しない。

②皇族の身分を離れられた方々は、もはや国民の仲間入りをされる。そうであれば当然、憲法第三章が保障する「国民の権利」を欠けるところなく享受される。政府が新しく

設けるという、「皇女」なる特別職の国家公務員への就任を拒否される〝自由〟も、お持ちでなければならない。従って、制度としてかなり不安定なものにならざるをえない。それを無理に安定化させようとすると、特定の「国民」にだけ自由を制限することになって、憲法違反をまぬがれない。

③特別職の国家公務員であっても、〝特定の血筋〟の人物しか就任できない公務員制度を新しく設けることは、憲法の〝国民平等の原則〟に違反し、第十四条が禁じる「門地（家柄）による差別」に当たる。

④「皇女」は天皇の直接の娘に当たる方に〝だけ〟使われる呼称で、皇族の女性の中でも特別の血縁を意味する。この語に当てはまるのは現在、敬宮《としのみや》（愛子内親王）殿下お一方だけ。その呼称を元皇族だった女性すべてに用いようとするのは、言葉の使い方として、無知をさらした恥ずべき誤用であるばかりでなく、本当の皇女でいらっしゃる敬宮殿下に対して非礼に当たる。実際は皇女ではない当事者の方々にとっても、おそらく不快だろう。およそ皇室の方々に対して最低限の敬意を抱いていれば、このような的外れなネーミングを思いつくことはなかったはずだ。

政府の迷走ぶり

今から振り返ると、この時のシンポジウム開催のタイミング（十一月二十五日）は絶妙だった。以下、時系列に沿って、その後の事態の推移をかいつまんで書いてみる。

○十一月二十六日、シンポジウムに参加された国民民主党の玉木雄一郎代表が、定例記者会見の場で「皇女」プランを真っ向から批判される。

○同二十八日、シンポジウムに取材に入っていた毎日新聞のホームページにシンポジウムの詳報がアップされ、注目を集める。

○同三十日、野党第一党の立憲民主党の枝野幸男代表も記者会見で「皇女」プランを批判された。

○十二月一日、私が「皇女」プランを批判した文章が共同通信から全国に配信された。

○同十一日、大島理森衆院議長が記者会見で、皇位の安定継承について（これ以上、先延ばししないで）菅義偉内閣が責任をもって、解決すべきことを表明され、附帯決議で言及された「女性宮家」などの検討を求められた。――

おそらく大島議長は、上皇陛下のご譲位を可能にした特例法制定の際の経過を、改めて思い浮かべられたに違いない。あの時は、民進党（当時）が早々と、本格的な「論点整理」を公表した。その取りまとめには、非力ながら私も手伝わせていただいた。これによって、大島氏は同党の本気度を感じとられ、当時の政府の思惑だけで突き進むことに、強い危機感を覚えられた。そこで政府サイドの有識者会議にいったんストップをかけ、国民の代表機関である国会での合意形成に向け、自らリーダーシップを発揮された。それが、特例法の円満な成立への、最大の貢献になった。同氏はその時の〝勝利〟体験をもっておられる。

「皇女」プランが万が一にもそのまま国会に提出された場合、大きな抵抗や紛糾を招きかねない。玉木・枝野両氏の相次ぐ反対表明で、そのことが明らかな局面に入った。他のテーマならともかく、皇室に直接かかわる案件で、与野党が真正面から激突するようなことがあってはならない。国会運営上のあやうさを直感された大島氏は、政府の「皇女」プランにはっきりと〝待った〟をかけられたのだ。

「政府は（令和二年の）年内にも皇女の創設案を大島衆院議長に報告する」つもりだった。ところが、当の大島氏本人から直接「ノー」をつきつけられた格好だ。これによって、政府が思い描いていた「皇女」プランによる〝逃げ切り〟策は、いったん挫折を余儀なくされた。大島氏が自らの考えを表明された同じ日に、政府はそれまで避けようとしていた、有識者会議の設置に向けて準備することを、しぶしぶ明らかにした。これは、とても分かりやすく政府のつまずきと路線変更を示した事実だろう。

「皇女」プランはもともと、皇位継承資格における男系限定の維持を主張する論者が、内親王などがご結婚後も皇室に残られる「女性宮家」案をつぶす目的で唱えたアイデアから、ヒントを得たものだったはずだ。ところが、同じ男系派から反対される一幕があった。私としては興味深く、歓迎すべき展開だった。

ただし、その反対の理由が「女性宮家」の創設につながるから——というのには呆れた。ひとたび皇族の身分を離れられても、たやすく皇籍にもどることができるという発想がなければ、そのような理由づけはできないだろう。

皇室典範では、皇室の「聖域」性を守るために、いったん皇籍を離れた方ご本人およびその子孫は、二度と皇室にもどることはできないルールになっている（第十五条）。畏れ多いが、国民と結婚された元女性皇族がたとえ離婚された場合でも、もう皇室にはもどれない。そのような場合は、新しく別の戸籍をつくって、そこに登録されることになる（「皇族の身分を離れた者及び皇族となつた者の戸籍に関する法律」第三条)。

皇室と国民の〝区別〟を厳格に立てるべきである——という伝統的な規範意識は、今も決してゆるがせにされていない。

にもかかわらず、一部に皇室と国民の区別を厳しく考えない人たちがいて、被占領下の昭和二十二年に皇族の身分を離れたいわゆる「旧宮家」の子孫の〝新たな〟皇籍取得を、特に違和感もなく主張している傾きがある。

それはともかく、政府はとんだ迷走の末に、有識者会議を設置せざるをえない地点にまで追いつめられてしまった。それが「『天皇の退位等に関する皇室典範特例法案に対する附帯決議』に関する有識者会議」(清家篤《せいけあつし》座長)だ。まさに、特例法の附帯決議に応えることそれ自体を、看板に掲げている。ならば、皇位の安定継承というテーマから逃げないで、真正面から切り込んでくれるはず……と思いきや。

有識者会議のヒアリング項目は妥当

今回の有識者会議で評価できる点は何か。外部からの意見聴取(ヒアリング)を行う際の「聴取項目」が、かなりバランスの取れた包括的な内容になっていたことだ。それは以下の十項目だった。

問一　天皇の役割や活動についてどのように考えるか。
問二　皇族の役割や活動についてどのように考えるか。
問三　皇族数の減少についてどのように考えるか。
問四　皇統に属する男系の男子である皇族のみが皇位継承資格を有し、女性皇族は婚姻に伴い皇族の身分を離れることとしている現行制度の意義をどのように考えるか。
問五　内親王・女王に皇位継承資格を認めることについてはどのように考えるか。その場合、皇位継承順位についてはどのように考えるか。
問六　皇位継承資格を女系に拡大することについてはどのように考えるか。その場合、皇位継承順位についてはどのように考えるか。
問七　内親王・女王が婚姻後も皇族の身分を保持することについてはどのように考えるか。その場合、配偶者や生まれてくる子を皇族とすることについてはどのように考えるか。
問八　婚姻により皇族の身分を離れた元女性皇族が皇室の活動を支援することについて

　　はどのように考えるか。

問九　皇統に属する男系の男子を下記①又は②により皇族とすることについてはどのように考えるか。その場合、皇位継承順位についてはどのように考えるか。

　　①現行の皇室典範により皇族には認められていない養子縁組を可能とすること。

　　②皇統に属する男系の男子を現在の皇族と別に新たに皇族とすること。

問十　安定的な皇位継承を確保するための方策や、皇族数の減少に係る対応方策として、そのほかにどのようなものが考えられるか。

右の十項目のうち、皇位の安定継承を目指す具体的な「方策」にかかわるのは、問五から問九までだ。すなわち――

問五は「女性天皇」。

問六は「女系天皇」。

問七は「女性宮家」。

問八は、先に触れた「皇女」プランに相当する。

ここで注目すべきは問九だ。

これまで、いわゆる「旧宮家」子孫の国民男性について、養子縁組又はその他の方法で、新しく皇族の身分（皇籍）を取得できるような制度改正が提案されていた。時おり、「旧皇族の皇籍復帰」という表現を見かける。しかし、対象になるのは元皇族（旧皇族）だった方の子や孫に当たる世代なので、かつて一分、一秒たりとも、「皇族」だった事実はない。だから、「旧皇族」でもないし「復帰」でもない。主にその旧宮家系の人々に限定した議論が、従来なされてきた。

しかし、国民の中には旧宮家系以外にも、「皇統に属する男系の男子」はかなりいる。明治以降に限定しても、皇族の身分を離れて国民の仲間入り（臣籍降下《しんせきこうか》）した方が十四人おられる。その最初が伏見宮邦家《ふしみのみやくにいえ》親王の第十五王子だった清棲《きよす》家教《いえのり》伯爵。最後は久邇宮《くにのみや》多嘉《たか》王の第三王子の龍田《たった》徳彦《のりひこ》伯爵だ。他に非嫡出子で皇籍になかったものの、やはり皇室の男系の血筋を引いていた二荒《ふたら》芳之《よしゆき》伯爵、上野《うえの》正雄《まさお》伯爵などもいた。これらの方々の子孫に当たる男性は、皆さん「皇統に属する男系の男子」ということになる。

江戸時代にさかのぼると、第百七代・後陽成《ごようぜい》天皇の第四皇子・信尋《のぶひろ》が近衛《このえ》家の養子に入っていた。又、同天皇の第九皇子・昭良《あきよし》も一条家の養子になっている。さらに、第百十三代・東山《ひがしやま》天皇の第六皇子・直仁《なおひと》親王が閑院宮《かんいんのみや》を立て、その第三王子・輔平《すけひら》が鷹司《たかつかさ》家を相続している。これらの子孫の男性も皆さん、まぎれもなく「皇統に属する男系の男子」だ。
「男系」の血筋としては、後陽成天皇・東山天皇の血を引く近衛家・一条家・鷹司家の方が、「旧宮家」系の人たちより天皇との血縁ははるかに近い。何しろ旧宮家の場合はすべて伏見宮家からのわかれで、その伏見宮家は南北朝時代の北朝第三代・崇光《すこう》天皇の第一皇子・栄仁《よしひと》親王を始祖としているからだ（ただし、「女系」を介して第百二十二代・明治天皇、第百二十四代・昭和天皇とつながる家もある）。

おそらく、そのあたりの事情も踏まえて問九のような聴取項目にしたのだろう。なかなかよく練り上げられた設問の仕方だった。

ただ、残念ながらヒアリング対象者の中には、そうした設問の意図が理解できるだけの前提知識を欠いていたためか、頭から「旧宮家」に限定した問いかけと錯覚していた人もいた。

有識者会議の質疑応答

ヒアリングに招された人々は二十一人。玉石混淆《ぎょくせきこんこう》と評すべき人選だった。しかし、いわゆる専門家に限定せず、幅広く（素人も含めて）意見を聴こうとした姿勢は、一概に非難すべきではあるまい。

又、公表された議事録では、ヒアリング対象者が意見を述べた後、会議メンバーが率直に質問をぶつけている場面をしばしば目にする。これは興味深かった。

たとえば、第二回会合（令和三年四月八日）の時。ジャーナリストの櫻井よしこ氏が問九への回答として「①の養子縁組を可能にすることが現実的」と述べておられた。これに対し、「皇族の側でどなたが養子縁組の当事者となるか、具体的な考えがあればお聞かせいただきたい」との質問が出された。

もし養子縁組が本当に「現実的」な選択肢であるなら、この問いに明確に答えなければならない。しかし、皇室の現状を見るとどうか。

天皇皇后両陛下などによって構成されている「内廷」はもちろん、除外される。「皇嗣家」である秋篠宮家も同様だ。そうすると、残るは常陸宮家・三笠宮《みかさのみや》家・高円宮《たかまどのみや》家の三宮家のみ。常陸宮家は正仁《まさひと》親王殿下（昭和十年のお生まれ）と華子《はなこ》妃殿下（昭和十五年のお生まれ）のお二方。三笠宮家は百合子《ゆりこ》妃殿下（大正十二年のお生まれ）、信子《のぶこ》妃殿下（昭和三十年のお生まれ）、彬子《あきこ》女王殿下（昭和五十六年のお生まれ）、瑶子《ようこ》女王殿下（昭和五十八年のお生まれ）のお四方。高円宮家は久子《ひさこ》妃殿下（昭和二十八年のお生まれ）、承子《つぐこ》女王殿下（昭和六十一年のお生まれ）のお二方。これらの方々のうち、親王殿下や妃殿下方はご高齢であられ、女王殿下方は皆さま、今の皇室典範のルール（第十二条）のままなら、ご結婚と共にそれぞれ宮家から離れて国民の仲間入りをされる。従って「養子縁組の当事者」になられる宮家の状態自体も、流動的であるのをまぬがれない。さて、櫻井氏はどう答えられたか。

「現在、宮家でもう途絶えたところもある。そうしたところに、例えば、御家族に男系男子のお子様がいらっしゃり、そして、皆様方（同会議のメンバー）のお眼鏡《めがね》にかなう、国民も納得できるようなきちんとした暮らしをしている御家族を選んで、その方たちが、絶えた宮家を継ぐという形も一つの形であろうか」と。

何と、「もう途絶えた」宮家に「御家族」ごと「養子縁組」で入る——との回答だった。歴史上、後つぎが途絶えた世襲の「親王家」に天皇のお子様が入って宮家を継承された過去の事実は、普通にある。しかし、現代における「養子縁組」とは、血縁上、親子関係のない者同士が、法律上の親子関係を成り立たせる制度だ。「もう途絶えた」（実在しない）宮家との養子縁組という提案は、およそ理解しがたい。

しかも、一家丸ごと皇族の身分を取得するという乱暴なやり方は、たとえ「きちんとした暮らしをしている御家族」であっても、「国民も納得できる」という話にはならないだろう。現に、「男系男子」限定を強く主張する論者からも「それができれば結構だと思うが、ちょっとハードルが高いのではないか」（百地章氏、同会議第四回会合ヒアリング）と否定的な声が出ている。櫻井氏の回答は、ほとんど〝自爆〟に近いのではあるまいか。

又、第二回会合で意見を述べた麗澤《れいたく》大学教授の八木《やぎ》秀次《ひでつぐ》氏に対して、こんな質問が飛んだ。「一般の国民世論からすると、七十年間民間人として暮らしてこられた（旧宮家系の）方について、皇族として国民から受け入れられるのかという意見があるが」と。

これに対して、八木氏は「一般の人たちは何も現段階では知っていない」「我々のような専門家が……（皇位継承の）仕組みについて正しく説明し、国民の人たちにも理解してもらうということが必要」と、いかにも〝上から目線〟な回答をした。すると会議メンバー側はさらに追撃した。

「国民は、皇室について知識として知らなくともその姿をメディアを通じて見てきてイメージを持っている一方、旧宮家についてはまったく分からずイメージを持てていない。……天皇・皇室は敬愛の対象であるという共通認識が国民にある中で、旧宮家についてどのように国民に伝えていけばよいとお考えか」と。

これへの八木氏の回答。

「皇位継承というのは血統原理である。……別枠の存在であり、古来から確立したシステムである。そういう理解が必要だと思う。……具体的なイメージも大事であるが、これは少なくとも千七百年以上行われてきたシステムである。これを今の段階で大きく変える必要があるのかどうかという判断がここで行われるべきだろうと思っている。直接質問にお答えできたか分からないが、以上である」

ご本人も「直接質問にお答えできたか分からない」と述べておられる通り、まったく質問への答えになっていない。

このような場面は他にもいくつかあった。先の聴取項目の真っ当さとあわせて、この有識者会議の政府への「答申」は、思いのほか（と言うと失礼だが）きちんとした内容になるのではないかと、淡い期待を抱かせた。ところが——。

再び、女性・女系天皇、議論せず

ヒアリング後の取りまとめで、有識者会議が打ち出した方向性は三点。

①女性・女系天皇は議論せず。
②現在の皇位継承順位を維持することが前提。
③皇族数の減少に対応するために「一代限りの女性宮家」と「旧宮家系子孫の養子縁組」を軸に検討する。

何だか「ふり出しにもどる」ような印象を受けてしまう。昨年（令和二年）二月十六日付「読売新聞」一面トップの記事で書かれていたことを、もう一度、忠実に復原したのに近い。しかも、「有識者会議を設置しても、しなくても、もうその結論は今から決まっているんです。（一代限りの）女性宮家創設と旧宮家案の両論並記。審議する前、会議を設置する前からもう結論は決まっています」という趣旨の発言を、男系限定維持を唱える一人が、週刊誌などでずいぶん前から発言していた。まさに彼の発言通りになったわけだ。「皇女」プランでいったんつまずいたように見えた政府も、みごと（？）に態勢を立て直し、もとからあったシナリオ通りに事態を進めているように見える。

会議のメンバーも、ヒアリング対象者も、政府サイドで自由に人選できるのだから、当然と言えば当然の顛末だ。しかも、それに加えて、会議の設置を「立皇嗣の礼」の後まで無理やり延期させたことが、議論に「枠」をはめる上で、大きな効果を発揮した。

会議メンバーもヒアリング対象者も、すでに立皇嗣の礼を終えられた秋篠宮殿下の皇位継承順位の変更につながる制度改正に対して、ほとんど絶対的なまでのタブー意識を植えつけられていた印象が強い。

たとえば、第七回会合（令和三年六月十六日）の最後に、清家篤座長は次のように述べておられた。

「安定的な皇位継承を確保するために何か方策を考えるということが、既に確保されている安定的な皇位継承を揺るがしては本末転倒であると思う。その意味で、まずは現在の皇位継承の流れを前提とし、その上で皇族数の確保のための方策を検討していきたい」

これは驚くべき発言ではあるまいか。

国会の附帯決議で求められた「安定的な皇位継承を確保する」という課題に応えるために設置された有識者会議だったはず。なのに、それには取り組まないと表明したのだから。その代わりに（目先だけの）「皇族数の確保のための方策を検討」すると。そんなことは附帯決議に一言半句も出てこない。しかし、自分たちの判断で（もしくは政府の思惑に従って）、そちらだけを「検討していきたい」と言う。完全なる問題のスリ替えではないか。

　この問題のスリ替えに走った理由が、「既に確保されている安定的な皇位継承を揺るがしては本末転倒」という、それこそ〝本末転倒〟な認識だった（もし本当に「既に確保されている」なら同会議など無用だろう）。

　秋篠宮殿下の「皇嗣」としての位置づけを「揺るがしては」ならない、というタブー意識が、自由で生産的な議論を封じてしまった。

　前にも述べたように、傍系の「皇嗣」は次の天皇であることが〝確定〟したお立場ではない。単に皇嗣であられる事実を宣明されるだけの意味をもつ立皇嗣の礼の後でも、その事実に変更はない。

　以前、秋篠宮殿下ご自身が、ご即位を辞退される可能性に言及されたとの報道があった（「朝日新聞」平成三十一年四月二十一日付）。現在の皇室典範の規定のままでも、そのことは法的に不可能ではない（第三条、園部逸夫氏『皇室法概論』）。しかし、報道後、宮内庁がその内容を否定していない。これまで、この件より重大性の点でずっと下回る事柄についても、宮内庁は事実でない場合は明確に否定してきたにもかかわらず、だ。

　実際に秋篠宮殿下は、天皇陛下より五歳お若いだけだ。過去には、昭和天皇より四歳下の高松宮《たかまつのみや》が、昭和天皇より二年早く亡くなられたような例もあった。そうかと言って、ご壮健な天皇陛下の〝ために〟早々とご譲位されることは、上皇陛下の「国民のために象徴天皇の務めを途切れさせない」というご主旨と違うし、恣意的なご譲位とも受け取られかねない。

客観的に考えると、秋篠宮殿下がご高齢になられてからご即位いただくという想定は、現実的ではないだろう。

そうすると、「天皇」という地位につかれなかった方のお子様が、天皇が背負われるべきお務めの〝重み〟を間近に実感される経験もないまま、いきなり天皇として即位されることになる。その一方で、天皇陛下の「直系」のお健やかでご聡明なお子様がいらっしゃるにもかかわらず、ただ〝女性だから〟というだけの理由で継承ラインから除外されている。こうした継承のあり方を、「既に確保されている安定的な皇位継承」と手ばなしで楽観的に受け止められる感覚が、私には理解できない。

「安定的な皇位継承」は決して「既に確保されて」〝いない〟。その冷徹な認識を前提に、皇位の安定継承のために、本当はどのような方策がありうるのか。有識者会議が投げ出した本来の課題（それはもともと上皇陛下がビデオメッセージでお呼びかけになったもの）に対し、以下の検討において「枠」にとらわれないで、真正面から取り組むことにする。

第二章

目の前にある五つの選択肢

「消去法」で考える

目先だけの「皇族数の確保のための方策」をいくら検討しても、残念ながら皇位の安定継承にはつながらない。だけでなく、場合によっては安定継承の足を引っぱる結果に終わるかも知れない。いたずらに「安定策」の採用を〝先延ばし〟することになるからだ。

では、皇位の安定継承を「枠」にとらわれず、ゼロベースで検討する場合、検討対象とすべき選択肢のメニューにはどのようなものがあるのか。

これについては、有識者会議の行き届いた聴取項目に網羅されている。その問五から問九までの「五つ」。すなわち次の通り。

①女性天皇（問五）
②女系天皇（問六）
③女性宮家（問七）
④内親王・女王がご結婚によって国民の仲間入りをされた後も皇室のご公務を支援できるようにすること（問八、「皇女」プラン？）

⑤皇族でない「皇統に属する男系の男子」が、養子縁組又は別の方法で新しく皇籍を取得できるようにすること（問九、いわゆる「旧宮家」案の進化バージョン）

さて、これらのうち、皇位の安定継承を目指す現実的な方策として、妥当かつ実現可能なものはどれか。一つ一つ検討していこう。

その際、まずは「消去法」によって、適切でないものを除外する必要がある。では右の五つの選択肢のうち、文句なく不適切なものは何か。

これは改めて言うまでもなく④だろう。先に「皇女」プランへの批判として述べた通りだ。何より、ご結婚による女性皇族（内親王・女王）の減少にまったく歯止めがかからず、逆に皇位の安定継承への展望を損なうだけになる。

それでも念のために、有識者会議の第三回会合（令和三年四月二十一日）の際に日本中世史学者で東京大学史料編纂《へんさん》所所長の本郷恵子《ほんごうけいこ》氏が提出された説明資料から、この選択肢への批判を紹介しよう。

「婚姻により皇族の身分を離れた元女性皇族に、特別職の国家公務員として、皇室の活動を担ってもらうという案（「皇女」プラン）があるとの報道がされている。だが皇族とは職業ではなく運命であり、運命に従う生き方である。上記のような方策は皇族および皇室の活動にはなじまない。皇族としての活動が必要なら、皇族の地位にとどまっていただくのが適当だろう」

まったくこの指摘の通りだろう。「皇女」プランの発案者は、少し恥じ入る必要があるのではなかろうか。

かくて④は早々と除外することができた。

次の検討対象はどれか。有識者会議もまだ未練を残しているらしい⑤を取り上げよう。

その際、このたびの有識者会議が、「旧宮家」案のまま聴取項目に採用することをしなかった点について、簡単に触れておきたい。

「男系男子」限定にこだわる人たちが、これまで主に訴えてこられたのは「旧宮家」案だった。これに対し、近年は先に紹介した近衛《このえ》家・一条家・鷹司《たかつかさ》家という、いわゆる「皇別《こうべつ》摂家《せっけ》」（天皇の血筋を引く旧摂関家）の子孫に注目する人たちも現れている（八幡和郎氏『男系・女系からみた皇位継承秘史』ほか）。その他、明治以降に「臣籍降下《しんせきこうか》」（皇籍離脱）した方々がおられた事実もすでに紹介した。今の国民の中には、そうした方々の子孫もおられるだろう。

同会議は、旧宮家系に限らず、それらの人々もひっくるめた設問形式にした。これは何故か。おそらく両者を区別すべき法的根拠がないと判断したためだろう。

もちろん、旧宮家の皇籍離脱は被占領下の出来事であり、その背景に占領当局（GHQ）の強権的な意向があった事実も否定しがたいだろう。その意味では、他の人たちとは事情がまったく異なる。しかしその一方で、形式上の手続きに特に重大な手落ちがあったとは言えないだろう。皇籍離脱に伴うしかるべき金額の「一時金」も支払われている。政治論・心情論としてはともかく、法的な処理において他の人々と区別するのは困難だ。そのように考えて、皇族でない「皇統に属する男系の男子」という一括した設問に落ち着いたのではあるまいか。

このあたりに、「旧宮家」案の思わぬ〝落とし穴〟も潜んでいそうだ。しかし、その点は後ほど改めて追及することにしよう。

皇籍取得の「意思」をもつ人はいるか

私はこれまで、（しばしば誤解されがちだが）旧宮家案に対して「絶対反対」を唱えたことはない。それどころか、安倍政権下で皇位の安定継承をめぐる政治の取り組みが一ミりも動かなかった時期には、「まずは旧宮家案の実現可能性について、徹底的に検討してみてはどうか」と訴えたことすらある。それが至難と分かれば、次へのステップを踏み出せると考えたからだ。

旧宮家案に「絶対反対」ではないが、それには難題が山積している。乗り越えるべき高いハードルがいくつもある――というのが私の考え方だ。さしあたり五点、クリアすべき問題点を指摘したい。

まず一点目は、限られた対象者の中で、はたしてそれまでの国民としての自由な生活や、やりがいのある仕事、大切に積み上げてきた人間関係などの多くを〝犠牲〟にして、皇籍を取得する意思をもつ人がおられるのか、ということ。

旧宮家系の人々は、「皇統に属する男系の男子」であっても、当たり前ながら戸籍に登録され、憲法第三章が保障する自由や権利を与えられた〝純然たる国民〟であることに違いはない。だから、ご本人の意思に反して、強制的に〝皇族の身分〟を押しつけることは許されない。当事者の同意は最低限の前提だ。しかし、そのような意思をもつ人がいるのか、どうか。

普通に想像力を働かせれば、そのような思い切りはよほど強固な意志があっても、なかなかできるものではないと分かるはずだ。男系限定維持を唱える有力な論者でさえ、「特攻隊に志願していただくようなもの」（新田均氏）と表現しておられた。この喩《たと》えが適切かどうかはともかく、それほどまでに困難であることは、指摘の通りだろう。〝特攻隊への志願〟に匹敵するような壮絶な決意を前提として必要とするプランは、その時点ですでに、国家の制度として大きな無理があるのではあるまいか。

この点について、旧宮家系の人物が次のような発言をされていた。「『皇族に復帰したいか、したくないか』と問われれば、『したくない』というのが旧皇族の多くの人の本音です。……自分から率先してやりたいという人はいないにせよ、『旧皇族を活用する以外に皇統は守れない』となった時には『全員、知らぬ存ぜぬというわけにはいかぬ』という意識はあります」（竹田《たけだ》恒泰《つねやす》氏、『なぜ女系天皇で日本が滅ぶのか』中の発言より）と。

又、別の人物がこのような言い方もされている。

「（旧宮家系男性が養子縁組で皇籍を取得する案について）旧宮家の方々、私も何人かの方にお会いしたことがあるが、聞くところによると、いざというときには覚悟を決めなければならないと思っている方々も何人かいらっしゃるということは伺っているし、私も具体的に人を介して聞いたことがある」（百地章氏、有識者会議第四回会合〔令和三年五月十日〕での発言）

と。

前者の場合、「皇族に復帰」「旧皇族」をそのまま文字通りに受け取ると、今から七十年以上も前の昭和二十二年に皇籍を離脱された方々の話になってしまう。それらの方々でご存命の方も皆さま、天皇陛下よりはるかにお年上なので、将来の皇位継承には無縁ということになる。従って、かなりアバウトな（もしくはあえて誤解を招くような）言葉の使い方がされており、「皇籍の新たな取得」「旧宮家系の子孫」をそれぞれ指すと理解しなければならない。そこを頭の中で訂正した上で読んでも、全体として漠然とした印象はぬぐえない。

後者は有識者会議のヒアリングの質疑応答での発言で、ご本人のチェックを経て公表された内容である。にもかかわらず、一層、曖昧だ。直接「何人かの方にお会いした」はずなのに、「聞くところによると」「伺っている」「人を介して聞いたことがある」となっていて、チグハグだ。

これに対し、まぎれもなく元皇族で、伊勢神宮の大宮司や神社本庁の統理などを歴任され、旧宮家系の人々を代表するようなお立場だった久邇《くに》邦昭《くにあき》氏（昭和天皇の皇后だった香淳皇后のご実家に当たる久邇家のご当主）は、ご自身の著書の中で次のように明言しておられた。

「近頃、旧皇族をまた皇籍に戻すべきだという意見もあるようだが、私はこれについては、『何を今さら』というのが正直なところ本心だ。……今さら、皇籍に復して国民の貴重な税金をいただくのには拒否反応がある」（『少年皇族の見た戦争――宮家に生まれ一市民として生きた我が生涯』）と。

さらに、これまでお名前を明らかにした形でご本人の意思を示されたケースでは、すべて否定的な回答しか知られていない（賀陽《かや》正憲《まさのり》氏、東久邇《ひがしくに》征彦《まさひこ》氏、竹田恒泰氏など）。

皇族に相応しい資質や経歴か

次に二点目は、もし皇籍取得の意思をおもちの方が現れたとしても、その人がはたして皇族になられるのに相応《ふさわ》しい資質や経歴を備えておられるのかどうか、ということ。近年でも、ご本人が大麻取締法違反で現行犯逮捕されたり、側近が多額の公金を騙し取った詐欺および巨額の脱税容疑で逮捕・起訴され、有罪判決を受けたりしているようなケースがある。

そもそも、旧宮家が被占領下に皇籍離脱を余儀なくされた時、当時、宮内府（宮内庁の前身）の皇太后《こうたいごう》職の庶務課長兼会計課長だった筧素彦《かけいもとひこ》氏が、皇太后であられた貞明《ていめい》皇后（大正天皇の皇后）に「まことに恐れ入ったことで」と同情的に申し上げたところ、以下のような厳しいお答えが返ってきたという事実がある。

「これでいいのです。明治維新この方、政策的に（傍系の）宮さまは少し良すぎました」（筧『今上天皇と母宮貞明皇后』）と。

貞明皇后がこうしたご感想をお述べになった背景には、戦前、傍系宮家の皇族が増えすぎたこともあり、皇室の尊厳を損ないかねない不行跡《ふぎょうせき》がしばしば見られた事実がある。

その頃、宮内次官だった加藤進氏が、皇籍を離脱される方々に次のように申し上げている。

「万が一にも皇位を継ぐべきときがくるかもしれないとの御覚悟の下で身をお慎みになっていただきたい」（『祖国と青年』昭和五十九年八月号）と。

同氏があえて〝釘を刺す〟ようなことを申し上げたのも、率直に言って、従前の不行跡による懸念があったためだろう。しかし残念ながら、「身をお慎みになっていただ」けなかった事例もいくつかあった。

もちろん、当事者の方々の境遇の激変ぶりを考えると、一方的に責め立てるようなことは控えるべきだろう。しかし、旧宮家系の子孫が新しく皇室に入る可能性が見えてきた時には、過去のあれこれの出来事も取り沙汰されかねないので（決して望ましいことではないが）、念のためにあらかじめ一言だけ触れておく。

ところで、上述のハードルの一点目、二点目をクリアするためか、未成年者の養子縁組を可能にする方策も提案されている。「宮家を残したいと思うご当主が、旧皇族（正しくは旧宮家系子孫）の中から誰が相応しいかをお考えになり『我が家に養子に入ってもらえませんか』と頼み、そして双方が承諾するので、自動的に人選が決まります」（竹田氏前出書）と。

そこには当然、「皇室会議」が介在するので〝自動的〟に決まるわけではない。しかし、それ以前に養子縁組を希望される宮家がはたしてあるのかどうか。具体的には、第一章で取り上げた常陸宮《ひたちのみや》家・三笠宮《みかさのみや》家・高円宮《たかまどのみや》家の三宮家がその対象になる。だが、ご高齢のご夫妻だけの常陸宮家はもとより至難だろうし、未婚の女王方がいらっしゃる三笠宮家と高円宮家の場合も、未成年の男子を養子に迎えた場合、その養子の世話に女王方が当たられる必要があれば、そのことがご結婚を妨げるなどの支障を生じないであろうか。

また、旧宮家系の側も、養子を出すことに難色を示されたケースが、すでにある。そうたやすく「双方が承諾する」場面が現れるとは考えにくいだろう。

さらに気がかりなのは、民間の国民同士でさえ、養子縁組の〝離縁率〟が意外と高い事実があることだ。e－Stat政府統計の総合窓口によれば最新の令和元年の統計データで、養子縁組＝一一四、〇九四組に対して、養子離縁＝三四、八五五組だった。つまり離縁が三割以上という高さだ。同じ国民同士でもこの高さなら、まったく条件が異なる皇室への養子縁組の場合は、一体どうなるか。決して楽観できないだろう。もしご本人が離縁を希望した時は、もちろんそれがスムーズに可能になる制度設計も必要になる。

そもそも、未成年だと本人の資質も見極めにくく、責任ある自己判断でなく、周囲の暗黙の〝圧力〟によって事態が進んでしまうおそれも否定できない。旧宮家「養子案」を手ばなしで受け入れるのは無責任だろう。

ともあれ、二点目のハードルも決して低くない。

皇室と国民の区別を曖昧にしないか

さらに三点目。もし一点目、二点目のハードルをクリアして旧宮家系の人物が皇族の身分を取得したと仮定した場合、その人が幅広い国民の信頼や尊敬を得ることができるかどうか。

正式なご結婚によって皇族になられた妃殿下や、皇室という「聖域」で生まれ育たれた、もともとの皇族の場合でさえも、ささいな出来事が誤解を招き、又、釈明や反論ができにくい制約されたお立場であることから、商業主義に走る週刊誌や思慮分別、慎みに欠けるネット上で、心ないバッシングが猛烈に荒れ狂うことがある。日本国民の〝民度〟を疑わせる残念な現象であるが、民間人として生まれた方が、皇族とのご結婚でもない形で皇族の仲間入りをされた場合、そうしたことがより起こりやすくなる危険性は、無視できないだろう。

これから述べるように、「皇統に属する男系の男子」は国民の中にもかなり多くいる。だから、その血筋だけを振りかざせば人々が「ハハーッ」とひれ伏して、尊敬してもらえるような展開は、現実としては想定しづらい。

四点目はとりわけ重要だ。旧宮家案をもし制度化した場合、厳格であるべき皇室と国民の〝区別〟を曖昧にしてしまうおそれがある、ということ。

前近代には、皇籍をいったん離れた方が復籍されたという〝異例〟がいくつかあった(宮内庁書陵部『皇室制度史料 皇族三』参照)。しかし、皇室典範はそうした異例を認めてはいけないという立場だ。もし皇籍をひとたび離れたならば、ご本人もその子孫も、皇籍取得は二度とできないという原則に立っている。

これは何故か。皇室の尊厳とその「聖域」性を守るためには、皇室と国民の区別をアヤフヤにしてはならないからだ。

何しろ血筋だけの話であれば、古代以来、皇室の血統を受け継ぐ国民が多くいるからだ。もし、神武天皇の「男系」の血筋を受け継ぐ者なら皇位継承資格があるという乱暴な原則を立ててしまうと、平《たいらの》将門《まさかど》も源《みなもとの》頼朝《よりとも》も足利尊氏《あしかがたかうじ》も皆、皇位を狙う資格があることになってしまう。

改めて言うまでもないが、平将門は第五十代・桓武《かんむ》天皇の五世の子孫（子を一世、孫を二世と数えての血縁）、源頼朝は第五十六代・清和《せいわ》天皇の十世の子孫、足利尊氏は同天皇の十五世の子孫に当たる。ちなみに旧宮家案の対象となる世代の人々は、「男系」の血筋で言えば崇光《すこう》天皇から二十世以上も離れている。よって上記の歴史上の人物の誰よりも天皇からの血縁が遠いことになる。皇籍離脱後の世代数で言えば、対象者（未成年も含めて）はおよそ平将門と同じか、さらにもう一代遠ざかっている（将門は祖父が臣籍降下）。

そもそも『古事記』に登場する二百一の氏族のうち、百七十五の氏族は皇室の血筋を引くとされていた。平安時代の『新撰姓氏録《しんせんしょうじろく》』を見ると、収録されている千百八十二の氏族中、朝廷によって皇室の血筋と公認された氏族（皇別）は三百三十五におよんだ。太田亮《おおたあきら》氏の『姓氏《せいし》家系大辞典』（全六巻）には皇室の血統につながるというおびただしい数の氏族名が載せられている。それらをすべて事実と認めるわけにはいかないとしても、国民の中には多数の「皇統に属する男系の男子」がいることは否定できない。だから「男系」の血筋だけで皇位継承資格を認めると大混乱をひき起こすことになる。

　そこで、規範として重要な意味をもつのが皇室と国民の間の厳格な〝線引き〟だ。皇室典範の第十五条には次のような条文がある。

「皇族以外の者及びその子孫は、女子が皇后となる場合及び皇族男子と婚姻する場合を除いては、皇族となることがない」

　この条文の立法理由について、法制局（内閣法制局の前身）がまとめた「皇室典範案に関する想定問答」に以下のように述べている。

「臣籍に降下したもの及びその子孫は、再び皇族となり、又は新たに皇族の身分を取得することがない原則を明らかにしたものである。蓋《けだ》し、皇位継承資格の純粋性（君臣《くんしん》の別）を保つためである」と。

旧宮家の場合、身分制社会の時代に皇籍を離脱した歴史上の前例とはまったく異なり、純粋に一般国民になられた。それから七十年以上が経過して、世代の交代も進んだ。そうした状況の中で、上記の原則をくつがえして、「男系」の血縁もはるかに遠い旧宮家系子孫がそのまま「新たに皇族の身分を取得する」ような制度をつくることは、皇室の尊厳、「聖域」性、「皇位継承資格の純粋性（君臣の別）」を厳重に守る上で、重大な問題をはらむのではあるまいか。

先にも触れた、旧宮家系子孫と他にも国民の中に多数存在する「皇統に属する男系の男子」の〝線引き〟の困難さを想起すると、養子縁組などによる皇籍取得案を〝旧宮家系〟の人々だけに限定することが、合理的に可能なのかも不安材料になる。

戦後の神道《しんとう》界、右翼・民族派で最大の思想家と言われた葦津《あしづ》珍彦《うずひこ》氏が、旧宮家の皇籍離脱からわずか七年後の昭和二十九年の時点で、次のように警告しておられた。

「その事情の如何《いかん》に拘《かかわ》らず、一たび皇族の地位を去られし限り、これが皇族への復籍を認めないのは、わが皇室の古くからの法である。……この法に異例がない訳ではないが……この不文の法は君臣の分義を厳かに守るために、極めて重要な意義を有するものであつて、元皇族の復籍と云ふことは決して望むべきでない」（『天皇・神道・憲法』）と。

傾聴すべき指摘だろう。

「門地による差別」に当たる

最後に五点目。これは、側室不在・非嫡出子の継承否認という条件下では、無理に無理を重ねて旧宮家系子孫の皇籍取得があえて行われたと仮定しても、「男系の男子」という皇位継承資格の限定を〝維持したまま〟なら、過去の実例に照らして、遠くない将来に皇位の継承が行き詰まるのは回避できないということ。

過去の実例を見ると、およそ史実性が認められるケースについて、歴代天皇の正妻たる方のうち、三八・五％ほどは男子を生んでおられない。伏見《ふしみ》宮・有栖《ありす》川《がわ》宮・閑院《かんいん》宮・桂《かつら》宮の四世襲親王家《せしゅうしんのうけ》のケースを見ても、正妻たる方の五四・三％は男子を生んでおられない。

これは、医療技術の水準とか、乳幼児の死亡率などとは関係のない、厳しい現実だ。

しかも、ご結婚年齢が高まる傾向にあり、乳母もいない状況で子育てをされ、皇后や親王妃方がご公務に精力的にお取り組みいただいている事実などを勘案すると、出生率が過去に比べて下がることは予想できても、飛躍的に上昇することは望みがたいはずだ。

ならば、「男系男子」の縛りを維持したまま、旧宮家系子孫が何人か新しく皇室に入ったと仮定しても、皇位の安定継承は残念ながら展望できない。

——以上の五点が、旧宮家案がかかえる難題として分かりやすいものだ。

ところが、これらに加えてより本質的な問題をはらんでいる事実が、このたびの有識者会議のヒアリングで明らかになった。それは、旧宮家案（さらに広く国民の中の「皇統に属する男系の男子」の皇籍取得）が憲法の〝国民平等〟の原則に違反し、憲法が禁じる「門地（家柄）による差別」に該当するということだ。現代の憲法学界を代表しうる二人の憲法学者が、このことを指摘された事実は重い。

まず、東京大学大学院法学政治学研究科教授の宍戸《ししど》常寿《じょうじ》氏の「説明資料」から（第四回会合〔令和三年五月十日〕に提出）。

「（問九①について）法律（皇室典範）等で、養子たりうる資格を皇統に属する（皇族でない）男系男子に限定するならば……一般国民の中での門地による差別に該当するおそれがある。

さらに、仮に旧十一宮家の男系男子に限定する場合には、皇統に属する（皇族でない）男系男子の中での差別に該当するという問題も生じる」

「（問九②について）内親王・女王との婚姻を通じた皇族との身分関係の設定によらず、

一般国民である男系の男子を皇族とする制度を設けることは……門地による差別として憲法上の疑義がある」

次に、京都大学名誉教授の大石眞《おおいしまこと》氏の「説明資料」から（同会合に提出）。

「（問九②について）一般国民の間における平等原則に対して『門地』などに基づく例外を設け、『皇族』という継続的な特例的地位を認めようとするものである。そうすると……憲法上の疑念があると言わざるをえない」

ここに、両氏によって「憲法上の疑義（疑念）」が指摘されたことは、ヒアリングにおいてあれこれの対象者が、それぞれ各自の見解を開陳されているのとは意味合いが違う。もちろん、憲法解釈を最終的に確定するのは最高裁判所の権限だ。しかし、それを待って制度改正を行うわけにはいかない。だから内閣法制局の解釈が重要になる。その内閣法制局も、憲法学界で重い地位を占めておられる両氏の解釈を軽視できない。そして、政府・国会は憲法違反の制度をつくることは許されない。それが「国民統合の象徴」であり、憲法上すこぶる重大な天皇・皇室をめぐる制度であればなおさらだ。

そのように考えると、旧宮家案に対して両氏が、憲法によって禁じられている「門地による差別」に当たるとされたのは、同案にとって致命的だったと言わざるをえない。

憲法第十四条第一項には次のようにある。

「すべて国民は、法の下に平等であつて、人種、信条、性別、社会的身分又は門地により、政治的、経済的又は社会的関係において、差別されない」

天皇・皇族の場合、皇統譜に登録され、憲法第一章の適用対象とされる。そのため、憲法それ自体が設けた例外として、第十四条を含む第三章の「国民の権利及び義務」はそのまま適用されない。「皇位は、世襲」（第二条）とあるのは、まさに第十四条の適用外の最たるものと言うべきだろう。

これに対し、旧宮家系子孫（又は皇族でない「皇統に属する男系の男子」）はどうか。先にも述べたように、戸籍に登録され、憲法第三章の適用を全面的に受ける〝純然たる国民〟だ。第一章の適用を受け、皇統譜に登録される天皇・上皇・皇族か、それとも第三章の適用を受け、戸籍に登録される国民か。両者がまぎれることはない。まさに憲法上も、皇室と国民の〝区別〟は厳格に定められているのだ。後者であれば第十四条に抵触する制度はありえない。旧宮家という家柄の男子（又は「皇統に属する男系の男子」）〝だけ〟が、皇族との婚姻を介さずに皇族の身分を取得できるという制度は、養子縁組も含めてまさに「門地による差別」そのものであって、憲法上とても認められないはずだ（「男子」限定だから「性別による差別」にも当たるだろう）。

国民平等の原則に違反する

ところで、宍戸・大石両氏と同じ会合に、旧宮家案を主張される憲法学者で国士舘大学特任教授の百地章氏も招かれていた。そのヒアリングの質疑応答で、旧宮家案をめぐる憲法上の疑義について尋ねられている。それへの同氏の回答が興味深い。公平を期すためにも、少し長めの引用になるが、抜粋してここに掲げよう。

「非常に難しい問題だが……まず、国民の権利・義務を定めた憲法の第三章は、飽くまで国民に対する、国民に適用する原則であり、皇室については……適用されない。……そこで考えるに、旧皇族の方々は純然たる国民と言えるのかという、そういう疑問がある。もともと皇室典範第二条の二項に当たる方々（天皇のご長男からオジ〔伯父・叔父〕およびその子孫に至る血縁よりもさらに遠い系統）として位置付けられた方々である。だから、法理論的には少しハードルがあるかもしれないが、私は潜在的に皇位継承権を持っておられる方と見ていいのではないか……と思う。そうすると、この方々は、一般国民とはやや違った立場にいらっしゃる方々であるから、特別な扱いがなされても良いのではないか」

ご自身も「非常に難しい問題」「法理論的には少しハードルがあるかもしれない」と認めておられるように、かなり苦しい説明になっている。

まず「皇室典範第二条の二項に当たる方々として位置付けられた」というのは、もちろん昭和二十二年の皇籍離脱まで〝実際に〟皇族だった方々に限られる。当然、その子孫には該当しないので、もし百地氏のロジックが成り立った場合でも、旧宮家案の対象となる子孫の人々には当てはまらず、憲法違反の疑いは何ら払拭《ふっしょく》されない。

しかも、それら旧宮家のご高齢の元皇族についても、皇位継承資格を厳格に「皇族」だけに限定している皇室典範第二条に照らして、到底「皇位継承権を持っておられる」とは言えないはずだ。そこに「潜在的」という恣意的な概念を持ち込むと、最も厳密であるべき皇位継承資格の限定が骨抜きになり、「皇位継承資格の純粋性」が失われかねず、皇位それ自体の尊貴さを大きく損なうおそれがある。

現に、同氏は旧宮家の元皇族だった方々の子や孫以下の（当然、「皇室典範第二条の二項に当たる方々」ではない！）世代にまで「潜在的」な「継承権」なるものを、ほしいままに拡大しようとしているように見える。そうでなければ、そもそも旧宮家案の〝弁護〟にはならない。

さらに何より問題なのは、皇室と「純然たる国民」とは別に、「一般国民とはやや違った立場にいらっしゃる方々」なる存在を想定しようとしていることだろう。憲法第十四条第二項に「華族その他の貴族の制度は、これを認めない」と規定している。百地氏の言われる「潜在的」「継承権」をもつ「一般国民とはやや違った立場」という存在がもしあるのなら、それは憲法が禁じている「貴族」に近いものではあるまいか。

又、逆に、もし旧宮家系子孫が憲法第三章の全面的な適用を受ける「純然たる国民」ではないとすれば、同章が保障する自由や権利について、「特別な扱い」として制約されることもありうることになってしまわないのかどうか。

やはり、旧宮家案が憲法の〝国民平等の原則〟に違反しないと言い張るのは「非常に難し」く、「法理論的には……ハードルがある」と言わざるをえない。

このように見てくると、五つの選択肢の⑤も除外せざるをえないだろう。

ちなみに　政府自身は以前から⑤の選択肢は除外していたように見える。少なくとも、国会における政府の答弁が虚偽でない限り、そのように判断せざるをえないのだ。いくつか具体例をあげよう。

平成三十一年三月二十日、参院財政金融委員会での安倍首相の答弁。

「（被占領下に）皇籍を離れた方々はもう既に……七十年以上前の出来事でございますから……それを私自身がまたそのＧＨＱの決定を覆すということは全く考えていないわけでございます」

令和三年三月二十六日、参院予算委員会での加藤勝信官房長官の答弁。

「（皇籍取得をめぐる旧宮家系子孫の当事者の意向確認について）そうしたみなさんに確認したことはないし、していく考えもない。これは変わらない」

前者について補足説明は無用だろう。

後者については、先に述べたように〝純然たる国民〟である旧宮家系子孫の場合、当事者の同意なく皇籍の取得を強制することは、憲法上も人道上も許されない。従って、当事者の意向確認は同案を制度化する場合にどうしても欠かせない前提条件だ。それを〝行わない。今後も変わらない〟と述べている以上（これは菅義偉官房長官時代から繰り返し表明してきている）、その答弁が虚偽でない限り、政府の選択肢からはすでに除外されていると見なさざるをえない。

「女性天皇」について考える

こうして、残った選択肢は①〜③となった。これらを一つ一つ見ていこう。まず①「女性天皇」から。

「女性天皇」という選択肢について、近年の各種世論調査の結果では、コンスタントに国民の高い支持を集めている。

平成三十年四月の「朝日新聞」の調査では、賛成七十六％に対し反対が十九％。

同年九月のＮＨＫの調査では、賛成八十二％に対し反対が十二％。

同年十月の共同通信の調査では、賛成が八十二％に対し反対が十四％。

同年十一月の時事通信の調査では、賛成が七十六％に対し反対が十九％。

平成三十一年四月の共同通信の調査では、賛成が八十五％に対し反対が十五％。

令和元年五月の「読売新聞」の調査では、賛成が六十七％に対し反対が八％（ただし、同調査の設問には不備が指摘されている）。

令和三年四月の共同通信の調査では、賛成が八十七％に対し反対が十二％。

右のような実情だ。いずれも賛成が反対を圧倒している。もちろん、皇位継承という厳粛なテーマを変動幅がある世論調査の結果〝だけ〟で判断すべきではない。しかし一方、天皇が憲法で「国民統合の象徴」とされている以上、国民の受け止め方をまったく無視してしまうわけにもいかないだろう。その意味では、世論調査の結果にも、一定の関心を払う必要があるのは確かだ。

又、女性天皇は過去に十代・八方おられた事実がある。そのため、有力な否定論を見かけない。せいぜい「女系天皇につながるから反対」といった程度だ。旧時代的な「男尊女卑」の価値観に立たない限り、女性天皇の可能性を一方的には否定できまい。

憲法上も、帝国憲法の場合は「皇男子孫」（第二条）と条文自体によって女性天皇を排除していたのに対し、今の憲法では「世襲」（第二条）と規定するだけなので、特に女性天皇が問題視される余地はない。むしろ、「国民統合の象徴」であるはずの天皇に、男性しかなれない現在の制度は、国民の半数が女性である事実を考えると、いささか奇妙ではあるまいか。

しいて問題点をあげるとすれば、次のような懸念が表明されるかも知れない。すなわち、もし女性天皇を可能にした場合、（継承順位の設け方にもよるが）急な制度変更によって当事者の人生プランが、根底からくつがえされることになるのではないか、と。

この点についてはどう考えるべきか。

まずは、少し冷酷に聞こえるかも知れないが、制度論的な整理をしておく必要がある。

旧宮家案が〝純然たる国民〟を対象としているのに対し、女性天皇を可能にする制度改正の場合は、あくまで皇族が対象だという、基本的な前提条件に違いがある点を見逃してはならない。

対象が国民であれば、繰り返すまでもなく、当然ご本人の同意が絶対的な前提条件になる。しかし、対象が皇族の場合だと、憲法第三章の全面的な適用は受けず、むしろ第一章、なかんずく第二条「皇位は、世襲」の適用が優先される。よって、当事者のご意向は不可欠の要件とはされないというのが、少なくとも制度論上の考え方になる。

しかも、重要な事実がある。それは天皇陛下のご長女、敬宮《としのみや》（愛子内親王）殿下がお生まれになった時（平成十三年十二月一日）、昭和天皇の弟宮でいらっしゃった高松宮《たかまつのみや》のお妃《きさき》、喜久子《きくこ》妃《ひ》が『婦人公論』（平成十四年一月二十二日号）にお祝いの一文を寄せられ、その中で「女性天皇」の可能性について、はっきりとお触れになったことだ。

「女性の天皇が第百二十七代の天皇さまとして御即位遊ばす場合のあり得ること、それを考えておくのは、長い日本の歴史に鑑みて決して不自然なことではないと存じます」と。

この文章は敬宮殿下ご本人のお誕生を祝したものである以上、殿下のご成長のさほど遅くない時点で、必ずやお目にとまる機会があったに違いないと考えるのが自然だろう。敬宮殿下にとって「女性天皇」という選択肢が政治の場で浮上することは、決して唐突な事実ではなかったはずだ。

しかも、小泉純一郎内閣の時に設置された「皇室典範に関する有識者会議」（吉川弘之《よしかわひろゆき》座長）が平成十七年十一月に提出した報告書では、「今後の望ましい皇位継承資格の在り方」として次のように結論づけていた（同会議のヒアリングには私も応じた）。

「今後における皇位継承資格については、女子や女系の皇族に拡大することが適当である」と。

敬宮殿下をはじめ、内親王・女王方は制度変更の当事者でいらっしゃる。当時はメディアによるさまざまな報道もなされていた。それらの女性皇族の皆さまが、今さら「女性天皇」容認をまったく予想外の制度変更と受け取られるとは考えにくい。それよりもむしろ、制度の見直しがいたずらに〝先延ばし〟され、その結果、ご自身の人生の将来が「皇室に残るか、ご結婚と共に国民の仲間入りをされるか」鋭く二つに分裂したまま、いつまでも宙ぶらりんの状態で放置され続けてきた事実こそ、残酷この上ない仕打ちだったと言えるだろう。特に敬宮殿下の場合は、女性天皇になられるか、それとも主婦になられるかという、極端に異なる二つの未来像に引き裂かれたまま、これまで二十年間の歳月をすごしてこられたことになる（今年のお誕生日、十二月一日で敬宮殿下は二十歳になられる）。
それはすべて政治の怠慢、無為無策とそれを見すごしてきた国民の無関心が原因だ。

「女系天皇」も欠かせない

次に③「女性宮家」を取り上げよう。

これについては、女性天皇の可能性を認める場合、未婚の女性皇族（内親王・女王）がご結婚と共に皇籍を離れるルールを一方で維持していては、制度として機能しがたい。よって、①の選択肢を採用するのであれば、③も当然採用しなければ、制度上の整合性が保てない。①と③はセットで認めるべきだ。

しかも、①と③を認めながら②「女系天皇」を認めないというやり方も、皇位の安定継承を目指すのであれば、ツジツマが合わない。その意味では〝女性天皇は女系天皇につながる〟〝女性宮家は女系天皇につながる〟という男系限定維持派の言い分は間違っていない。もっと踏み込んで言えば、「女系天皇」を排除しながら「女性天皇」「女性宮家」を認めても、しょせんは〝一代限り〟にとどまり、将来に向けた皇位の安定継承には寄与しない。「象徴天皇の務めが常に途切れることなく、安定的に続いていく」（上皇陛下の平成二十八年八月八日のビデオメッセージ）ことにはならないのだ。

普通に考えてみれば分かることだ。女性皇族がご結婚後、「女性宮家」の当主になられ、お子様に恵まれられた場合、そのお子様が男子であれ女子であれ、「女系」ということになる。女系天皇を認めなければ、皇位継承資格のない女系のお子様方はご結婚と共に皇族の身分を離れて、国民の仲間入りをされることになる。結局、その女性宮家は〝一代限り〟で幕を閉じる他ない。

内廷の女性皇族がご結婚され、お子様に恵まれた後、女性天皇として即位されても、同じように皇位継承の〝行き詰まり〟をただ一代だけ先送りするにすぎない。皇位の安定継承にはまるでつながらない。ただ〝目先〟だけ「皇族数の減少」に歯止めがかかったような錯覚を与えるだけだ。

そんなことのために、対象となる女性皇族方のたった一度しかない人生を犠牲にしていただくのは、あまりにも申し訳ないことではあるまいか。

そもそも、女系天皇とセットにならない女性天皇・女性宮家は、およそ常識外れな、かなりイビツなものになるのを避けられない。同じ「天皇」なのに、男性ならお子様に皇位継承資格が認められ、女性なら認められない。このような差別の客観的・合理的な根拠は何か。性別だけを理由として〝一人前の天皇（お子様に継承資格あり）〟と〝半人前の天皇（お子様に継承資格なし）〟とを峻別するというのは、現代において相当「野蛮」な制度と自覚すべきではあるまいか。「日本国の象徴」「日本国民統合の象徴」である天皇どうしの間に、男女で〝格差〟を設けること自体、不自然だろう。

そもそも、女性天皇にせよ女性宮家にせよ、ご結婚相手の男性は、皇族の身分を取得されるのか、それとも国民のままなのか。天皇又は宮家の当主のご結婚相手が国民のままというのは、かなり無理があるのではないだろうか。国民のままなら憲法第三章の適用対象だから、さまざまな権利や自由が保障されていなければならない。政治・経済・宗教上の活動における自由も最大限、尊重されるべきだろう。しかし、そのことと、「国民統合の象徴」である天皇の地位や、その天皇のご近親である宮家の当主の配偶者としてのお立場は、はたして整合的なのか。それ以前に、一つの世帯を営むのに、一方が天皇又は皇族で、もう一方が国民という形は、いささか異常ではないか。

従って、女性天皇および女性宮家の当主の配偶者は当然、男性皇族の場合の配偶者と〝同じよう〟に、皇籍を取得されるべきだ。又、そのようにご両親が皇族であれば、その間にお生まれになったお子様にも皇族の身分が与えられるのは、当たり前だろう。

しかし、そのお子様は皇族であられながら、しかも、男子にも女子にも皇位継承資格が認められている制度のもとで、親でいらっしゃる天皇、宮家の当主たる方が「女性」であるというだけの理由で、決して継承資格が認められないことになる。

そのような格差をことさら設けることは、女性天皇や女性宮家の当主のご結婚に際し、大きくマイナスに作用することはあっても、決してプラスには働かないだろう。その上、もし配偶者には皇族の身分すら与えられないとすれば、皇室のメンバーの中で、自分だけが（男性皇族のご結婚相手の女性は皇族とされているのに）〝国民のまま〟であるにもかかわらず、一方では国民に認められている権利や自由の多くが事実上、制約されかねないことになって、ご結婚のハードルは極めて高くなるだろう。

①と③は制度上、セットで認めなければならないし、その場合、②も決して欠かしてはならない。消去法で残ったのは結局、①②③のセットだった。

しかし、それがはたして妥当なのかどうか。それを判断するためには歴史を振り返る必要がある。次の章でそれを検討しよう。

第三章　歴史の中の「女性天皇」

わが国の女性君主は多かった？　少なかった？

皇位の安定継承をめぐる議論では、これまでの歴史を立ち入って吟味することもしないで、「わが国の伝統」という言葉がよく使われているように見える。明治以来の〝終身在位〟（天皇のご譲位を認めないあり方）自体を「伝統」と錯覚していた一部の論調を思い出す。そこで改めて〝歴史〟という参照枠を顧みる。

はじめに素朴な問いを立ててみよう。「日本史上の女性天皇は多かったか？　それとも少なかったか？」と。天皇の代数としては十代、そのうちのお二方は重祚《ちょうそ》（一度、皇位を退いてから重ねて即位すること）だったので、人数としてはお八方の女性天皇が過去にいらっしゃった。この事実自体は、多くの人がすでに知っているはずだ。具体的には次の通り。

○第三十三代・推古《すいこ》天皇（五五四年生。在位五九二年〜六二八年。同年崩。七十五歳）
○第三十五代・皇極《こうぎょく》天皇（五九四年生。在位六四二年〜六四五年）
○第三十七代・斉明《さいめい》天皇（皇極重祚。在位六五五年〜六六一年。同年崩。六十八歳）

○第四十一代・持統《じとう》天皇（六四五年生。称制六八六年〜六八九年。在位六九〇年〜六九七年。七〇二年崩。五十八歳）

○第四十三代・元明《げんめい》天皇（六六一年生。在位七〇七年〜七一五年。七二一年崩。六十一歳）

○第四十四代・元正《げんしょう》天皇（六八〇年生。在位七一五年〜七二四年。七四八年崩。六十九歳）

○第四十六代・孝謙《こうけん》天皇（七一八年生。在位七四九年〜七五八年）

○第四十八代・称徳《しょうとく》天皇（孝謙重祚。在位七六四年〜七七〇年。同年崩。五十三歳）

○第百九代・明正《めいしょう》天皇（一六二三年生。在位一六二九年〜一六四三年。一六九六年崩。七十四歳）

○第百十七代・後桜町《ごさくらまち》天皇（一七四〇年生。在位一七六二年〜一七七〇年。一八一三年崩。七十四歳）

右の女性天皇の在位を〝多い〟と見るか〝少ない〟と見るかは、各自の主観にとどまらない重要な問題をはらんでいる。もちろん、現代の「男女平等」の価値観から言えば、全体の代数（今の天皇陛下が百二十六代）に対して〝少ない〟〝少なすぎる〟という結論になるかも知れない。しかし、前近代において、わが国を取りまく東アジア世界の実情はどうだったか。その比較によって日本の歴史的な特質が浮かび上がるはずだ。

前近代の東アジア世界において長く「中心国」として君臨してきたシナ（歴史的・伝統的チャイナ）の場合はどうだったか。歴史上、女性のシナ皇帝はただ一人だけ。

○則天大聖《そくてんだいせい》皇帝（則天武后《ぶこう》。生年不詳。六二三年～六二五年のいずれかか。在位六九〇年～七〇五年。同年崩。八十一～八十三歳）

そのシナと地続きで、長期間にわたってその巨大な政治的・文化的影響を受け続けてきた、朝鮮半島の場合はどうか。新羅《しらぎ》に三人の女王を確認できる。

○第二十七代・善徳王《ぜんとくおう》（生年不詳。在位六三二年～六四七年。同年薨）
○第二十八代・真徳《しんとく》王（生年不詳。在位六四七年～六五四年。同年薨）
○第五十一代・真聖《しんせい》王（生年不詳。在位八八七年～八九七年。同年薨）

右の三人の新羅の女性君主について、歴史学者でも「女帝」と表記している例を見かける（荒木敏夫氏『可能性としての女帝』など）。しかし、最高君主の位置にある「皇帝」「天皇」が女性の場合、これを「女帝」と称することは適切であるが、それらより下位の「王」にとどまる君主が女性なら、「女王」と呼びわける必要があるはずだ（死去の場合も「崩」と「薨」の区別がある）。

それはともあれ、朝鮮半島でも新羅に女王が三人いたのにとどまる。

これらと比較すると、客観的には「多かった」と判断すべきだろう。歴史上の女性天皇を振り返る時は、まずこの〝事実〟を出発点とする必要がある。何故なら、そこに日本の歴史の一つの特質を認めることができるからだ。「日本らしさ」と言いかえてもよいかも知れない。こうした事実をもたらした条件は何だったのか。

朝鮮半島の「シナ化」

ここに一般論として、一つの地政学的な文明地図を思い描くことができる。それは四つの類型から成り立つ文明論的な配置図だ。

まず第一の類型は、特定の地域全体の中の「中心」に位置する先進的で高度な文明を築き上げ、軍事的・政治的に大きなパワーをもつ地域（帝国）。

第二の類型は、その巨大文明に近接する「周辺」的な地域。第一類型の地域から〝洪水〟のように圧倒的な影響を受け続ける。つねに軍事的脅威にさらされ、政治的にもしばしば従属を強いられ、文化の面でも〝同化〟されがちだ。

さらに第三の類型。こちらは大文明からまったく「隔離」されてしまっている。ここでは軍事的脅威や政治的圧迫とは無縁ながら、外部から先進文明の刺激を受けないために、社会は発展せず、文化も〝化石〟化しがちだ。

最後は第四の類型で、ここは、第二と第三の類型の中間だ。巨大文明の軍事的・政治的圧力を直接受けるほど近接していない。しかし一方で、先進文化の刺激をまったく受けないほど隔離されているわけでもない。

以上はあくまでも「理念型」として措定したものだ。なので、現実の歴史に当てはめる時は、さまざまな配慮を加えて眺める必要があるだろう。

これを東アジア世界に当てはめてみるとどうか。前近代について、第一類型はもちろんシナ。第二類型は朝鮮半島。日本は第三類型ではなくて、おそらく第四類型だろう。

ひとまずこのように整理した上で、先ほどの女性君主の〝多さ・少なさ〟について振り返ってみると、どんなことが言えるのか。

まず、シナでの女性君主は、特異な例外として則天大聖皇帝ただ一人だけだった。しかも、亡くなった後、祭祀対象としては「皇后」に位置づけ直された。さらに、後に即位した玄宗《げんそう》（在位七一二年～七五六年）によって、則天時代の政策が破棄され、施設も破壊されるなど、〝皇帝〟としての存在を否定する動きがあった。こうした背景にあるのは、シナに根強かった「男尊女卑」の考え方だろう。その上、則天皇帝の後はその息子たち（中宗・睿《えい》宗）が即位したにもかかわらず、「男系主義（父系制）」の社会だったから、父親の高宗《こうそう》（李氏）の血筋を引く存在とされ、李氏の唐王朝が復活している（則天皇帝時代だけ武氏の「周」王朝だった）。

つまり、シナの「男尊女卑」―「男系主義」の考え方が、女性君主の登場を強力に阻んでいたことが分かる。

男系社会では、未婚の女性は一人前として扱ってもらえない。一方、「同姓不《どうせいふ》婚《こん》」（同じ男系の血筋の男女は結婚できない）なので、皇帝の配偶者（皇后）は必ず皇帝の一族より〝下位〟に見られた他氏の女性になる。だから原理的に、皇帝一族の未婚の女性が君主になることはありえず、血筋の権威が劣る他氏の女性が君主になることも、原則としてありえなかった（則天武后という異常なまでの政治的手腕の持ち主を唯一の例外として）。

女性君主を〝構造的〟に排除する社会だった。

ところが、朝鮮半島の新羅の場合は、いささか事情が違った。最初の女王、善徳王が即位した理由は、新羅発展の基礎を築いた法興《ほうこう》王の弟（立宗）の血を引く真興《しんこう》王→銅輪《どうりん》→真平《しんぺい》王の直系の女子が傍系の男子より優先されたことと、「王としての器量」があると見られたことらしい。

しかも、善徳女王は男系社会では絶対的なタブーである「同姓不婚」に反して、王族同士（どちらも金氏）の結婚によって生まれている。これらは、男尊女卑の男系主義が徹底しているシナでは決してありえないことだ。

五～七世紀頃の墳丘墓の調査から、当時の新羅が「双系社会」だったと見られている事実ともうまく合う。双系（双方）的な血縁のつながりを基本とする場合、男系だけでなく、女系の血統にも意味が認められる。男系社会に比べて、当然、女性の地位もそれなりに高かったはずだ。

新羅で三代の女王が登場した背景には、そうしたシナとの違いがあったと考えられる。

しかし、朝鮮半島はやはり第二類型に分類すべき地域だったので、「シナ化」の傾向はまぬがれがたかった。新羅の次に朝鮮半島を統一した高麗《こうらい》時代にまとめられた、朝鮮の歴史書『三国史記《さんごくしき》』（金富軾《きんふしょく》著、一一四五年成立）には次のような批判が書き込まれている。

「人間について言えば、男は尊く女は卑しい。どうして、おバアさんが内室からのこのこ出てきて、国家の政治を裁断するような振る舞いをとがめないことができようか。新羅が女性を王位につかせたのは、まさに乱世の出来事であった。こんなことをして国が滅ばなかったのは幸いだった」（高森訳。同書新羅本紀第五）と。

完全にシナの男尊女卑の視点から、朝鮮半島での独自のあり方（新羅らしさ）を否定してしまっている。朝鮮半島での女王がわずか三代で途絶えたのは、このようなシナ化の影響が少なくなかったと考えられる。

東アジア世界において第四類型に分類できる日本の女性天皇の位置づけは、これらとの比較の中で客観的に見通すことができるだろう。

女性の地位の高さ

日本の場合、もともと「男尊女卑」の考え方とは無縁だった。血統についても、「双系

（双方）」的な特質をもっていたことがすでに指摘されている（吉田孝氏『律令国家と古代の社会』、義江明子氏『日本古代の氏の構造』、明石一紀氏『日本古代の親族構造』、成清弘和氏『日本古代の家族・親族—中国との比較を中心として』、田中良之氏『骨が語る古代の家族—親族と社会』ほか）。

「双系」という一般の人があまり聞きなれない概念については、次のような説明が分かりやすいだろう。文中の「父系」は「男系」、「母系」は「女系」を意味する。

「生まれた子どもが父方の一族に属するのが父系社会、母方に属するのが母系社会である。厳密な父系社会では、父系につながる一族は同じ姓を称し、一族の内部での婚姻は禁じられる（族外婚《ぞくがいこん》／同姓不婚）。……中国は典型的な父系社会だった。父方の親族だけが社会的に重んじられ、地位の継承は男子の血統を通じてのみ行われるのである（男系継承）。

それに対して双系的親族結合を基本とする社会では……父方母方双方の血統が子の社会的政治的地位を決める上で重要な要素となる。……古代の倭／日本は、もともと双系社会だったのである」（義江明子氏『女帝の古代王権史』）

古代の日本で女性が比較的高い地位を認められていたことは、いくつもの事実によって実証することができる。

たとえば、古墳時代には各地に女性リーダーが実在した。このことは、古墳に埋葬された人物の性別調査によって判明している。とくに古墳時代前半期（三世紀末～五世紀後半）の場合、地元のリーダーだったと思われる埋葬人物のうち、およそ四割（単体埋葬が三九・三％、複数埋葬が四二・四％）が女性だった（田中良之氏『古墳時代親族構造の研究』）。これはかなり高い比率と言えるだろう。

また、文献に見える女性リーダーをめぐる伝承も見逃せない。『古事記』『日本書紀』や各地の『風土記《ふどき》』（『陸奥国《むつのくに》風土記』『常陸《ひたち》国風土記』『播磨《はりま》国風土記』『豊後《ぶんご》国風土記』『肥《ひ》前《ぜん》国風土記』）に見えるのが三十三例（成清弘和氏『女帝の古代史』）。これは、制約された史料の中での数だから、〝氷山の一角〟と言うべきだ。それでも十分、多いと判断できる。

その他、律令制度での、女性の「財産」相続について、シナの場合、兄弟たちだけで分割されたのに、日本では「跡つぎ」を中心に遺産が与えられ、それ以外は男女共に一定分を与えられ、兄弟姉妹間での決定的な差別はなかった（成清氏の研究による）。「班田収授の法」（実施は六九二年からか）で授けられる口分田《くぶんでん》も、男性の三分の二の面積ながら、女性にも既婚・未婚にかかわりなく与えられたことは、よく知られているだろう（シナでは女性はすべて対象外）。

興味深いのは、宅地・田畑などの「私地」を処分したり、相続したりする主体として、すでにシナの男尊女卑―男系主義の影響が大きく及んでいた九世紀〜十二世紀頃の史料（『平安遺《へいあんい》文《ぶん》』）に、女性が多く登場していることだ。これまでの研究では、私地の処分の主体が女性のケースが約三分の一、相続を受けるのが女性であるのは、実に約半数に達している（服藤早苗氏『家成立史の研究』）。

史料の制約により、貴族・豪族クラスの女性の比較しかできないが、その社会的地位の点でも日本とシナは対照的な違いがあった。シナの場合、女性の地位はほとんど全面的に男性に依存していた。未婚者はまず「一人前」に扱わない。結婚しても、父の血筋や夫・息子の地位などによって立場が決まり、本人の能力や努力が評価されることは、ほぼなかった。

これに対して、日本はどうだったか。朝廷では、女性は既婚・未婚に関係なく仕え、本人の能力と努力次第で「貴族」とされる位階の〝五位〟以上までのぼることも可能だった（県犬養橘三千《あがたいぬかいのたちばなのみち》代《よ》・錦部河内《にしこりのかわち》など）。もちろん、現代の感覚からすれば男女格差は明確にあった。それでもシナの実情に比べると、わが国における女性の地位の高さは疑う余地がないだろう。

日本において、シナとはまったく異なり、かなり多くの女性君主が登場した背景には、こうした全般的な女性の地位の高さが基礎にあったと考えることも、とくに無理ではあるまい。

日本神話の中の「女性」

そうした古代日本における女性の地位の高さは、日本の神話に一層ストレートに反映している。

何しろ神話上の神々の体系の中で、その頂点に君臨した最高神は、太陽の女神・天照大神だった。まさしく〝女性神〟だ。世界各地の神話に見られる最高神は、ギリシア神話のゼウス、北欧神話のオーディン、バビロニア神話のマルドゥク、『旧約聖書』のヤハウェなど、男性神であるのが一般的だった。日本人自身はあまり自覚していないかも知れないが、女性神を最高神とすることは、日本神話のきわだった特長だ。

この点については、比較神話学の立場から次のような指摘がある。

「他の古代文明の神話で、天上の王の地位を占めているとされている、男性の最高神たちに共通する……極端なまでの峻厳さ、無慈悲さと対比して見た場合に、わが国の神話で同じように天上の主権者の地位にあるとされている、最高女神のアマテラスに帰せられている、それとほとんど水と油のように違う優しさと慈悲深さは、他にほとんど類例がないと思える。天上の神界の女王の最高神として、このような本当に情け深い大女神を持っていることで、日本の神話は明らかに、人類の神話の中でもほかに類例のない、きわめてユニークな特色があると思われる」（吉田敦彦氏「神話の展望の試み―世界の神話と日本の神話」）

　このような点に「日本らしさ」の一例を見出したとしても、おそらくさほど見当外れではないだろう。

　しかも、この天照大神が古代から現代に至る長い歳月、皇室の祖先神つまり「皇祖」神として、ゆらぐことなく崇敬され続けてきた。たとえば、第四十代・天武《てんむ》天皇から今上《きんじょう》陛下に至る間、史料の上で天照大神を祀《まつ》る伊勢の神宮への崇拝の事実を確認できないのは、わずかに第八十五代・仲恭《ちゅうきょう》天皇（承久《じょうきゅう》の変により三カ月足らずで退位し「九条廃帝《くじょうはいてい》」と呼ばれた）と第九十八代・長慶《ちょうけい》天皇（南朝第三代の天皇で大正十五年に歴代に加えられた）の二代だけだった（八束清貫氏『皇室と神宮』ほか）。皇室ご自身が〝女性神〟を神話上の始祖としてきた事実の重さを、正しく受け止める必要がある。

　また、『古事記』に対して、シナ流の知識や価値観をより濃厚に示していることから、江戸時代の国学者・本居宣長《もとおりのりなが》から「からごころ（シナ的なものの考え方）」への傾斜を批判された『日本書紀』に収める神話にも、皇室のルーツについて興味深い伝えがある。それは、天照大神の孫として地上に降臨した神話（いわゆる天孫降臨神話）が物語られるニニギの尊《みこと》にとって、「女系」を介した（母方の）祖父に当たる高皇産霊尊《たかみむすひ》のことを、わざわざ「皇祖《みおや》」と表記していることだ。シナ流の男系主義を前提とすればとても成り立たない系統関係を、『書紀』は自明のごとく描いていた。男系だけでなく女系も意味をもちうる日本的な「双系」の伝統が、日本神話の大切な場面で浮かび上がったと言える。

　この伝承も視野に入れると、皇室の始祖は「女性」神・天照大神の他に、「女系」を介した高皇産霊尊も加わることになる。いずれにしても、シナの男系主義の観点からはありえない系統意識である。

　なお、先の本居宣長が「やまとごころ（わが国本来の心性）」が託された書として高く評価した『古事記』にも、イザナキ・イザナミ男女二神をめぐる神話の中で、女性神が先に求婚して〝国生《くにう》み〟に失敗する場面が描かれている。しかし、この場面については「女人先唱を不吉とするのは、夫唱婦随・男尊女卑の儒教思想の影響であるとされる」（日本思想大系『古事記』頭注）というのが通説だ。実際に、「天は左旋《させん》し、地は右動《うどう》す」（『春秋緯《しゅんじゅうい》』）とか、「雄は左行し、雌は右行す」（『淮南子《えなんじ》』）、「天は左転して、地は右廻す。……男は唱えて、女は和す」（『洞玄子《とうげんし》』）などのシナ文献に見えるモチーフとの関連が想像できる。

しかも、この場面は前後と比べていささか異質であり、イザナキ（誘《いざな》＋キ＝男性を表す語）・イザナミ（誘＋ミ＝女性を表す語）という神名の対等性ともくい違う。『日本書紀』（第四段）に収める異伝などを突き合わせると、もとは女性神が先に声をかけて首尾よく淡路島を生む物語が原型だったと復原できる。

その他、『古事記』には、稲羽《いなば》（因幡）の八《や》上《かみ》ヒメが大国主神《おおくにぬしのかみ》の多数の兄弟神たちから求婚されたのを「私は、あなた方の申し出は受けません」という一言ではねつける場面も出てくる。その上で「私は大国主神と結婚します」と自分から結婚相手を指名し、いったんはその発言の通り結婚を果たしている（ただし、後に、スサノオの神の娘で大国主神の正妻のスセリビメを恐れ、因幡にもどった）。まさに女性神からの求婚だった。

「双系」という日本的特質

ところで一般的に、親族関係が「男系」へと転換するのは、戦闘への対応を含め、社会の中で男性の役割がより重視されるようになると、子どもたちは夫方・父方の親族の中で育つようになって、男系の血縁原理に移行すると見られている（G・P・マードック『社会構造―

核家族の社会人類学』）。戦争や抗争が続けば、武力や暴力の面では女性より上回っていたはずの男性優位の社会へと移っていくのは、自然だろう。

シナの場合も、五百五十年もの長期間にわたって春秋・戦国時代（紀元前七七〇年〜同二二一年）の争乱が続くという苛酷な歴史的経験が、男尊女卑の男系社会を確立させたとの見方が示されている。ありうる想定だろう。

それに対して、わが国の場合はどうか。考古学的な分析からは、古墳時代に列島社会で大がかりな戦争は確認できないという（下垣仁志氏「古代国家論と戦争論」）。従来、考古学と文献史学の双方の立場から以下のような指摘がなされてきた。

「武力によらない（国内の）統合を可能にしたのは、全国的規模で再編成された、鉄を含む重要物資にかかわる流通システムであったろう。このシステムの掌握に成功した主体こそ……外交権を独占したヤマト王権だった」（岩崎卓也氏「古墳分布の拡大」）

「地方豪族は決して一方的な力関係に屈して大和国家の傘下に入ったわけではなく、地方豪族の側に国家的統一への要求があって、積極的に大王に服属していった」（長山泰孝氏「国家と豪族」）

「日本の場合……『地域国家』（分国国家）間のきびしい征服―統一戦争を経て、古代国家が成立したようにはみえない。……四世紀代＝前方後円墳の全国的な展開をヤマト王権による軍事的征圧の結果とみることはできず、たぶんに各地の有力首長の方からの王権への参入、即ち有力首長の王権への求心力の方が大きい」（小林敏男氏「騎馬民族説の記紀批判の妥当性を問う」）

ここで指摘されている「武力によらない統合」は、先に言及されていた女性最高神が、「優しさと慈悲深さ」をもつ「本当に情け深い」存在として造型されていた事実との、対応関係を思い浮かべさせる。〝日本らしさ〟の歴史的背景の一つと見ることができるだろう。

こうした歴史の推移からは、「男尊女卑」や「男系主義」の考え方が、国内で〝自然に〟生まれてくることは、にわかに想定しにくい。

しかし、わが国でも時代の推移とともに、そのような傾向が、少なくとも王権中枢部や大和朝廷を担う豪族層に見られるようになる。やがてそれが、国内をかなりの程度おおい尽くすに至る。それは、わが国が文明の配置図において、巨大文明とは隔絶した第三類型ではなく、第四類型だったことの〝宿命〟だったと言えるかも知れない。

古代国家形成のプロセスにおいて、「シナ化」をまったく避けて通ることは歴史上、ほとんど不可能なことだった。かの『古事記』の中にさえシナ由来の男尊女卑的要素がゼロではなかった事実は、はなはだ示唆的と言うべきか。『記』下巻冒頭に登場する仁徳《にんとく》天皇の描かれ方が、「儒教的聖天子」像を踏まえているとの指摘は広く受け入れられているだろう。明治以降の近代化が、「西欧化」としての性格を兼ね備えていたのに似た事情が、古代日本の「シナ化」にはあった。

しかし、それによって日本的特質（「やまとごころ」）がすべて失われてしまったのでないことは、先に紹介した（シナと比較した場合の）女性の地位の高さからも、分かるだろう。『古事記』の中に、氏族の祖先として女性の名前が伝えられているのも、その一例だ。

○師木県主《しきのあがたぬし》の祖先＝河俣《かわまた》ビメ（綏靖《すいぜい》天皇段）
○同氏の祖先＝フトマワカヒメ（懿徳《いとく》天皇段）
○尾張連《おわりのむらじ》の祖先＝オオアマヒメ（崇神《すじん》天皇段）
○尾張国造《おわりのくにのみやつこ》の祖先＝ミヤズヒメ（景行天皇段）
○三尾君《みおのきみ》らの祖先＝若ヒメ（継体天皇段）

シナのような男系社会では、一族の祖先（始祖又は血統を伝える者）として女性の名前が掲げられることはない。皇室の始祖が女性神であるのも、こうした非男系的＝双系的な文化風土を背景にして考えると、ごく自然なこととして納得できる。

そもそも『古事記』には、七世紀に成立したと見られる古式の系譜（上宮記逸文《じょうぐうきいつぶん》・天寿《てんじゅ》国繍帳銘《こくしゅうちょうめい》など）と同じように、父方ばかりでなく母方の名前も取り上げた「双系」的な系譜記事が見られる。わが国本来の双系的な特質を次第に後退させながら、「男系」が主流におどり出てくる局面より手前の、ある段階を写し取った貴重な記録とも言えるだろう。

では、日本における〝男系化〟のプロセスはどのようだったか。

「男系化」のプロセス

これについては、五世紀のいわゆる「倭《わ》の五《ご》王《おう》」の時代に「シナ化」への重大な転機があったと見られている。

この時代、日本はシナ南朝の宋《そう》を中心とした「冊封《さくほう》体制」に組み込まれた。冊封体制というのは、シナ皇帝を頂点として、周辺諸国の君主が官爵《かんしゃく》（官号と爵位）を授けられ、外交上・名分上の君臣関係を設定することで成り立つ国際秩序だ（西嶋定生氏『日本歴史の国際環境』ほか）。倭の五王たちは、宋から「王」や「将軍」などに任じられていた。これは、先の文明類型を当てはめると、第四類型の日本が、それまでどちらかと言えば第三類型（隔絶）寄りだったのが、第二類型（周辺）寄りへとシフトしたことを意味する。当然、シナの価値観・世界観などの圧倒的影響を受けることになる。とくに、シナ風の文官・武官に任じられるのが〝男性〟だけだったことは、大きな意味をもったはずだ。

　倭の五王の最後、「倭王武（雄略天皇）」が四七八年に宋の皇帝に提出した上表文が『宋書《そうじょ》』倭国伝に収められている。それを見ると、儒教的観念・世界観が色濃く反映しているのが分かる。この上表文は当時、大和朝廷サイドから送ったことを信じてよい（坂元義種氏「『宋書』倭国伝の史料的性格」）。よって、この頃、男尊女卑―男系主義の考え方がすでに王権中枢部に浸透していたことは、当然考えられる。さらに五世紀後半以降、古墳に埋葬される地元リーダーに占める女性の比率が下がっている事実（四割から三割〔単体埋葬〕か二割〔複数埋葬〕へ。田中良之氏の研究による）は、そうした変化が王権・朝廷だけにとどまらなかった流れを示している。

　シナ化―男系化の次の指標は氏族（ウジ）の成立だ。氏族が歴史に登場するのは五世紀後半以降で、六世紀初め頃にはすでに確認できる。埼玉県行田《ぎょうだ》市の稲荷山《いなりやま》古墳から出土した鉄剣の銘文には、豪族オワケの一族の八代にわたる系譜が刻まれていた。先の上表文の七年前の四七一年のもので、同じく第二十一代・雄略天皇（倭王武）の時代に当たる。一見、きれいな父子〝直系〟系譜のように見えるが、血縁関係の実態とは別に、族長位の継承関係を記したもの（地位継承次第系譜）だった。しかし、それがすでに「男系」継承の形を示していた事実は軽視できない。先に述べたトレンドを傍証する史料だろう。ただし、この段階ではまだウジの名前が出てこない。

ウジの名前が早い時点で確認できる確かな史料は、和歌山県の隅田《すだ》八幡《はちまん》神社に伝わる「人物画像鏡《じんぶつがぞうきょう》」（五〇三年。車崎正彦氏「隅田八幡人物画像鏡の年代」ほか）の銘文に「開中費直《かわちのあたい》」とあるのがそれだ。よって、氏族は六世紀初め頃には成立していたと見られる。

氏族は、朝廷につながる豪族層の血縁を媒介とした（非血縁も含む）政治組織だが、シナの「宗族《そうぞく》」のような男系子孫を自動的にメンバーとする〝男系血縁集団〟ではなかった。しかし、倭の五王が冊封体制に組み込まれて生まれた〝シナ化〟のトレンドの中で成立した組織なので、おのずと「男系」継承を主な原則とすることになった（「女系」継承の例もあるが。八世紀の人物、橘諸兄《たちばなのもろえ》が母の姓を継いでいる等）。

さらに、男系化の波をより広げたのは「男女の法」（六四五年か）だった。同法では、同じ一般の人民同士の間に生まれた子は「父に配《つ》けよ」（『日本書紀』大化元年八月条）と定めた。明らかに「親族法上の男系主義の原則を示したもの」（日本古典文学大系『日本書紀』下、補注25―一〇）だ。男系主義があえて法制化されたのである。その意義については、以下のように説明されている。

「当時の日本では妻問婚《つまどいこん》がおこなわれていたので、子は母方への帰属意識が強く、子が母方の家の名を名のることもおこなわれた。『男女の法』は、この古いしきたりをやめ、中国式に、男系主義を原則としたのである」（井上光貞氏『飛鳥の朝廷』）と。

同法によって、「中国式」の「男系主義」はより国内に浸透しただろう。

こうしたステップを踏んで、古代シナの国家構成原理の日本への受け入れの集大成として、律令制度が本格的に導入された。これによって、シナ化―男系化のトレンドは一つの完結を迎える。しかし、それでも完全に男系化の波に呑み込まれたわけではなかった。この間のプロセスについては、次のような要約がある。

「わが国は当初から父系（男系）社会ではなく、東アジアの中で国家を形成していく過程で双系から父系へと転換したものである。そして、その転換も徹底したものではなく、本来の双系の特質を残した社会であった」（田中氏『骨が語る古代の家族』）と。

やはり第二類型ではなく、第四類型に踏みとどまったということだ（ちなみに近代以降の場合、日清戦争の勝利後はむしろ日本が近年まで、第一類型へと脱皮していたと言えるかも知れない）。

推古天皇は即位前からトップリーダー

以上のような歴史の遠近法の中で、新しく「女性天皇」を見直すと、どのようなことに気づけるだろうか。

まず従来、女性天皇はもっぱら「中継ぎ」だった、という旧式の見方が、意外と幅広い人々の間で無批判に受け入れられてきた気配がある。しかし、それが男尊女卑―男系主義的なバイアスのかかった見方だったということが見えてくるはずだ。

たとえば古代史上、最初の女性天皇だった推古天皇から最後の称徳天皇まで七〜八世紀の間、女性天皇は八代（六人）だった。これに対して男性天皇は何代か。明治三年になって歴代に加えられた第三十九代・弘文《こうぶん》天皇（大友皇子《おおとものみこ》、史実としては不即位の可能性が高い。拙著『日本の10大天皇』）を除くと、七代だった。具体的には次の通り。

○第三十四代・舒明《じょめい》天皇（五九三年生。在位六二九年〜六四一年。同年崩。四十九歳）

○第三十六代・孝徳《こうとく》天皇（五九六年生。在位六四五年〜六五四年。同年崩。五十九歳）

○第三十八代・天智《てんじ》天皇（六二六年生。称制六六一年〜六六八年。在位六六八年〜六七一年。同年崩。四十六歳）

○第四十代・天武天皇（生年不詳。在位六七三年〜六八六年。同年崩）

○第四十二代・文武《もんむ》天皇（六八三年生。在位六九七年〜七〇七年。同年崩。二十五歳）

○第四十五代・聖武《しょうむ》天皇（七〇一年生。在位七二四年〜七四九年。七五六年崩。五十六歳）

○第四十七代・淳仁《じゅんにん》天皇（七三三年生。在位七五八年〜七六四年。七六五年崩。三十三歳）

男性の方が少なかった。在位期間は（即位しないまま国政に当たった称制期間も含めて）女性が概数で九十六年だったのに対し、同じく九十二年（弘文天皇がもし在位していたとしても八カ月だった）。やはり男性の方が短い。単純に考えても、このような状態で、女性天皇が一律に「中継ぎ」だったなどとは、とても言えないはずだ。

しかも具体的に見ると、ますますその事実が鮮明になるだろう。

最初の女性天皇だった推古天皇の場合、即位される前から事実上の朝廷のトップリーダーとして、めざましい政治的実力を行使されていた。

第三十一代・用明《ようめい》天皇が亡くなられた時、有力な皇族（穴穂部《あなほべ》皇子）が物部《もののべ》氏を後ろ楯にして皇位を狙おうとした。しかし、一代前の敏達《びだつ》天皇の皇后だった推古天皇が「詔《みことのり》」を下し、蘇我馬子《そがのうまこ》らがこの人物を誅殺《ちゅうさつ》した（五八七年）。「詔」は普通、天皇にだけ使われる語なのに、『日本書紀』はこの場面であえて「詔」という語を用いている（崇峻《すしゅん》天皇即位前紀）。もって、当時からすでにトップリーダーとしての権威を帯びておられた事実を、うかがうことができる。

ちなみに、この時に滅ぼされた物部守屋《もりや》は、「物部弓削《ゆげ》守屋連《むらじ》」（『書紀』用明天皇即位前紀）「物部弓削大連《おおむらじ》」（同皇極二年十月六日条）「弓削大連」（『播磨国風土記』印南郡条）などと呼ばれていた。〝物部〟が父方（男系）の姓で、〝弓削〟は母方（女系）の姓だった（『先代旧事本紀《せんだいくじほんぎ》』天孫本紀）。「双系」的な血縁関係を前提にしなければありえない呼び名だ。

用明天皇の次の天皇を崇峻天皇に指名したのも、この時はまだ即位前の推古天皇だった。

まさにトップリーダーとしての役割だろう。しかし、本人が天皇に即位するという選択は、この時点では行っていない。何故か。シナ中心の冊封体制に組み込まれていた「倭の五王」の時代である五世紀に、「中国皇帝から授与される将軍号を軸に軍事編成と国内豪族の組織化が進み、王が男であることは既定事実になっていった」（義江氏『女帝の古代王権史』）。まだその延長線上の時代だったからだ。

　しかし、崇峻天皇は問題をはらむ人物だった。朝廷内でその存在を危険視するコンセンサスが形成されていたと考えられる。だから、蘇我馬子のイニシアチブで〝天皇暗殺〟という衝撃的な事件が起きても、朝廷内にとくに波乱を招くことはなかった。これ以前、眉輪王《まゆわのみこ》によって第二十代安康《あんこう》天皇が暗殺された時には、下手人である眉輪王をはじめ五人もの皇族が、連続して殺害されるという悲惨な事態を招いたのとは、様相がまったく違う。その理由は、この暗殺に対する事前の合意があったためと考えないと、説明しにくい。

　しかも、この後に即位される推古天皇ご本人が、あらかじめ黙認する姿勢を示されていたことが、決定的に重要な意味をもったはずだ。少し意外なことかも知れない。だが、崇峻天皇の即位は推古天皇の指名によったのに、もし事前にそのご同意を得ないで暗殺という暴挙に及んだとしたら、当時、事実上、朝廷のトップリーダーとして仰がれていた同天皇の強烈な憤激を招いたに違いない。しかし、推古天皇はその暗殺後、スムーズに即位しておられる。これは、事前に暗殺の承認があったと考えなければ、とてもありえない展開だ。逆に、推古天皇の即位前の存在感の大きさを示す出来事だった。前天皇が暗殺されるという緊急非常の場面において、推古天皇はまさに〝満を持して〟即位されたと見なければならない。

史上初の「天皇」は推古天皇

古い学説では、当時、有力な皇位継承候補者として押坂《おしさか》彦人《ひこひと》大兄《おおえ》皇子と竹田皇子の二人がいた。その対立を避けるために推古天皇が〝中継ぎ〟として即位した——と説明していた。しかし、近年の研究では、六~七世紀の天皇が即位した年齢が三十代以上で（崇峻天皇だけは生年不詳ながら、おそらく同様）、むしろ四十代以上が多かった事実から、その頃おそらく十代後半だったと見られている両皇子が候補者になることは、ありえないというのが一致した見方だ（『日本書紀』が「皇太子」で〝摂政〟であったかのように潤色している聖徳太子は、五七四年生まれで同じく候補者にはなりえない）。

そもそも、「譲位」という慣行がまだ行われていない段階では、〝中継ぎ〟のための即位は意味をもたない。現に、聖徳太子も含め、旧説で候補者とされていた人物は皆、推古天皇の在位中に亡くなったと見られる。

それよりも、推古天皇にかかわって何としても銘記すべきことが、別にある。現在にまでつながる「天皇」という君主の称号が、この天皇の時代に成立した事実だ。これは、日本の歴史上、すこぶる重大な意義をもつ〝飛躍〟だ。推古天皇は厳密な意味で「最初の天皇」だった。

しかし、「天皇」号の成立年代については異説もある。なので、少し丁寧に説明しよう。又、その説明を通して、「天皇」という日本独自の称号が成立したことの歴史的意義も、おのずと明らかになるだろう。

まず、奈良県明日香《あすか》村の飛鳥池《あすかいけ》遺跡から出土した木簡《もっかん》（六七七年＝天武六年頃）に、すでに「天皇」の語が確認できる。よってこれ以前、「天皇」号が成立していたことは確かだ。一方、有力な異説である天武天皇朝成立説の場合、六七四年（天武三年）から唐の高宗が個人的な尊号として「天皇」を名乗った事実を重視する。もし日本でこれより前に「天皇」という君主号が使われていたら、それより遅れてシナ皇帝が「天皇」を名乗ることは「中国人の自尊心がこれを承認するはずがない」（渡辺茂氏「古代君主の称号に関する二・三の試論」）ので、そんなことをするはずがない。従って、その時点では日本の天皇号は未成立だったと見るのだ。

一瞬、「なるほど、もっとも」という印象を受ける。しかし、残念ながら重要な事実を見落としている。それは高宗の皇后だった則天武后が「天后」を名乗っており、それ以前に周辺国で同じ称号を使っていたことだ（『隋書』西域伝・吐《と》谷渾《よくこん》条。本位田菊士氏「『大王』から『天皇』へ——古代君主号の成立をめぐって」）。唐は吐谷渾での「天后」号の使用を公認していない。その場合、遅れて同じ号を使っても何ら「中国人の自尊心」には抵触しない。それは、わが国の「天皇」についても同様だ。そうなら高宗の「天皇」号始用年代は、とくに注意を払う必要がなくなる。

逆に、もし高宗の「天皇」以後に日本の天皇号が採用されていたら、その正妻は「天后」と呼ばれることになっていたのではないか。しかし国内の史料状況を見ると、しばらく「大后」だったのが、天皇より遅れて「皇后」に変わっている（皇后号の採用は六八九年だろう）。

そうすると、六〇七年（推古十五年）の第二回遣隋使が持参した隋の皇帝宛の正式な外交文書（国書《こくしょ》）で推古天皇が「日出ずる処の天子」と名乗っていた事実が重要だ（『隋書』倭国伝)。この時、もしすでに天皇号が成立していたら、それを使ったはずだ。にもかかわらず「天皇」ではなく「天子」を名乗っていた。ということは、この段階では天皇号は未成立だったと見ることができる。実際に、これ以前に天皇号の確実な使用例もない。

そこで注目すべきは、翌年の第三回遣隋使の国書に「東の天皇」とあったことだ(『日本書紀』推古十六年九月十一日条)。『書紀』編者の潤色として疑う意見もあるが、六〇〇年(推古八年)の第一回遣隋使以来、一貫して冊封体制に再び組み込まれることを拒否し続けている外交姿勢は、疑問の余地がないめざましい事実だ。それまでの「王」号はシナ皇帝に服属するか、少なくとも下位に甘んじる地位を意味する。従って、冊封関係を拒絶しながら、「王」を名乗り続けることはありえない。「天子」を名乗ったのも、自立国家を目指す気概を示した行為だろう。ならば、隋側が「天子」号をはねつけたのを受けて、服属を排除する立場に変化がなかった以上、シナ君主の「皇帝」「天子」を避けて、独自に「天皇」を名乗るという選択肢は、十分にありえただろう。

ついでに言っておけば、前年の国書の「日出ずる処の天子」との表現に聖徳太子が関与した可能性を指摘する意見がある(東野治之氏『聖徳太子　ほんとうの姿を求めて』)。ならば天皇号の成立にも太子がかかわっていたかも知れない。

以上のようであれば、天皇号の成立は推古天皇の時代の出来事であり、同天皇はまさに〝最初の天皇〟であられた可能性が高い。つまり、わが国で最初の天皇は「女性」だったのである。あるいは日本において、「王」を脱却した女性の君主が東アジア世界で初めて登場した事実自体が、シナの「男尊女卑」に対する強烈な〝否定〟だったとも言える。

かくて天皇号は、シナ帝国に対して、わが国が服属しない姿勢をつらぬいた証しだった。以来、わが国の天皇がシナ皇帝と冊封関係を結ぶことは、二度となかった（一方、朝鮮半島の「王」がシナ皇帝の服属下から脱却するのは、一八九五年＝明治二十八年に日本が日清戦争に勝利し、下関条約で清の宗主国としての地位を否定してからのことだった）。

「大化改新」発端での皇極天皇の役割

次の皇極天皇も、即位された時点では「譲位」の慣行がいまだにない。だから〝中継ぎ〟ではありえない。それどころか、いったん皇位を男性天皇（孝徳天皇）に譲った後、再び天皇に返り咲いておられる。重祚だ。こうした経緯からしても、とても中継ぎとは言えない。むしろ、皇極天皇から皇位を譲られた孝徳天皇こそ「中継ぎ」だった可能性が高いだろう。男性天皇にも中継ぎとして即位された例があることは、研究者の間ではよく知られたことだ（河内祥輔氏『古代政治史における天皇制の論理』ほか）。

皇極天皇は、母方の血筋で言えば第二十九代・欽明《きんめい》天皇の曽孫、父方の血筋では第三十代・敏達天皇の同じく曽孫に当たる。「三世の孫」だから天皇からの血縁は遠い（第二十六代・継体天皇が「五世の孫」だったのは歴史上、天皇から最も血縁が遠かった唯一の例）。しかも、すでに高向《たかむく》王（用明天皇の孫）と一度結婚し、出産もされた後に、離縁か死別を経て、第三十四代の舒明天皇との再婚に至っておられた。

女性天皇に対して漠然と〝皆さま、未婚のままだった〟という印象をもっている人もいるようだ。しかし、推古天皇も既婚者だし、後で取り上げる持統天皇も元明天皇も既婚者だ。古代史上の女性天皇について言えば、生涯不婚だったのは元正天皇と孝謙＝称徳天皇のお二方だけ。それにしても、再婚された女性天皇は他におられない。

再婚相手だった舒明天皇も、同じく敏達天皇の孫に当たり、オジ―メイの結婚だった。皇室には頻繁に見られる一族同士の結婚だが、「同姓不婚」を絶対的なタブーとする男系社会ではありえないことだ。もし「女系」の血統に意味を認めなければ、それはほとんど〝近親相姦《きんしんそうかん》〟に近いからだ。

皇極天皇のご事績として注目すべきは、大化改新の発端となった「乙巳《いっし》の変」（六四五年）での蘇我入鹿《そがのいるか》殺害の場面だろう。

　宮中で中大兄《なかのおおえ》皇子（同天皇の皇子、後の天智天皇）らに斬りつけられた入鹿が、天皇に対して命乞いをした。「皇位にいらっしゃるべきは天つ神の系統を正しく受けつがれた方だけです（皇統に属する人物だけが皇位継承の資格を持つ）。私には何の罪もありません（自分には皇位を狙うような野心はない）」と。そこで天皇は、中大兄皇子に「何があったのか」とご下問。中大兄皇子が「入鹿は、天皇の一族をことごとく滅ぼして、皇位を傾けようと図っていた。天照大神の子孫を入鹿に代えてよいはずがない」と答えると、天皇は黙って宮殿の奥に入ってしまわれた。暗に入鹿殺害に同意を与えられたことになる。その結果、入鹿は殺され、蘇我本宗家《ほんそうけ》そのものも滅亡した。ここから大化改新がスタートしたのは周知の事実だろう（戦後の日本古代史学界で、大化改新の史実性を否定する説が唱えられた時期があったものの、今では支持されていない。吉川真司氏『飛鳥の都　シリーズ日本古代史③』ほか）。歴史を画する重大な場面で、決定的な役割を果たされたのが皇極天皇だった。

　しかし、朝廷の重臣である入鹿が宮中で殺害される不祥事の責任を引き受けられて、いったん位を退かれた。これが、確かな事例としては日本史上初めての「譲位」だった。

　この時、次の天皇になったのは皇極天皇の弟に当たる孝徳天皇だった。この天皇の場合、天皇からの血縁が遠い上に、皇極天皇が舒明天皇の正妻としての権威と経験を備えておられたのに対し、即位するに足る実績は何もなかった。この時までは、皇統に属する人物の中から、朝廷を支える豪族層の支持を得た者が即位するのが、通例だった（吉村武彦氏『日本古代の社会と国家』）。しかしこの局面でそのような支持があった気配はない。にもかかわらず、首尾よく皇位につけたのは何故か。皇極天皇による指名があったため、と考えるしかない。この女性天皇の存在の重みがよく分かる一幕だろう。しかも、この譲位をきっかけに、その後も皇位継承の主導権を天皇側が握ることになった。

　この時の譲位はすでに「重祚」を織り込んでのことだったろう。譲位後も「皇祖母尊《すめみおやのみこと》」（この場合の「祖母」は母親を意味する）の尊号をもち、引き続き天皇と共に国政に当たっていた。やがて当時の難波宮《なにわのみや》の存続をめぐって、孝徳天皇と意見が対立し、中大兄皇子ら皇族や朝廷の役人らを従えて、大和に移っている。ほどなく孝徳天皇が亡くなり、再び即位して斉明天皇と呼ばれる。

　斉明天皇としては、いったん新羅に滅ぼされた百済《くだら》の復興を手助けするために軍勢をととのえて、自ら九州にまで出向かれている。女性天皇が軍事指導者としての役割も担っていたことが分かる。

「日本」で最初の天皇は持統天皇

持統天皇の時代は古代統一国家の確立期としてとりわけ注目に値するだろう。とくに、国号がそれまでの「倭」から「日本」に変更されたのは、この時代だった可能性が高い。重要な出来事を年表的に整理すると次の通り。

六八六年　天武天皇が崩御《ほうぎょ》。ただちに称制を行う。
六八九年　飛鳥浄御原令《あすかきよみはらりょう》を諸司にわかつ。同令で「日本」国号制定か。
六九〇年　正式に即位。整備された統一的な戸籍として「庚寅年籍《こういんねんじゃく》」がつくられる。公民制が確立した。伊勢神宮の内宮《ないくう》（天照大神を祀る）で初めての式年遷宮《しきねんせんぐう》。外宮《げくう》は六九二年。
六九一年　大嘗祭《だいじょうさい》が皇位継承儀礼として制度的に確立。
六九四年　初めての本格的な唐風都城である藤原京への遷都。

これらのうち、伊勢神宮は日本の民族宗教である神道《しんとう》の祭祀・拝礼施設である全国の神社の中でも至高の地位にあり、同神宮にとって最大の行事が二十年に一度、新しい社殿を造営してご神体《しんたい》（皇位と共に伝わる三種の神器《じんぎ》の一つの八咫鏡《やたのかがみ》）をお遷しする式年遷宮だ。又、天皇の伝統的な祭祀としてとりわけ大切な意味をもつ収穫祭である新嘗祭《にいなめさい》が、古代統一国家の確立に伴って「公民」によって支えられる国家的―国民的な祭儀へと〝飛躍〟をとげたのが大嘗祭だった（拙著『天皇と国民をつなぐ大嘗祭』）。この両者こそ神道の最大の祭儀だが、それが共に持統天皇の時代に成立していた。

　わが国の国号が「日本」に転換していたことが確認できるのは『大宝令《たいほうりょう》』（七〇一年）が最初だ。『令集解《りょうのしゅうげ》』（「公式令《くしきりょう》」詔書式条《しょうしょしきじょう》）に引く同令の注釈書『古記《こき》』に「日本」という国号を確認できる。これより前、「祢軍墓誌《でいぐんぼし》」（六七八年）に「日本」という語が出てくる。しかし、これは国号ではない（東野治之氏『史料学探訪』）。よって除外する必要がある。一方、『日本書紀』（天武三年三月七日条）に「倭国」とある。同書は時代を問わず国号は「日本」で統一しているのに、ここでは原史料の表記をそのまま残してしまった。よって、同年（六七四年）までは倭国という国号が維持されていたことが分かる。

　六七四年以降七〇一年までの間に「倭」から「日本」への国号の変更がなされたことは確かだ。ここから先は推測の話になる。だが、上記の期間内なら六八九年の『飛鳥浄御原令』による可能性が最も高いだろう。

同令には国号も収める「公式令」という篇目がすでにあったと考えられる。当時、唐との交渉はしばらく途絶え、朝鮮半島を統一した新羅は唐との対立を深めていたので、わが国に対してへりくだった「臣従」的外交姿勢を余儀なくされていた。そうした国際情勢の中で、シナを中心とした「冊封体制」に組み込まれていた時代から使われてきた「倭」国号を見直したと考えられる。

また、「日本」は「日の神」（太陽神＝天照大神）の恵み豊かな国との自己認識と無縁だったとは考えにくい。ならば、天照大神への信仰がより高まった天武天皇の時代の政策を受け継ぎ、きちんと国家制度として整えた同令で、その国号が公式に制定されたと考えるのが相応《ふさわ》しい。

そもそも、壬申《じんしん》の乱《らん》（六七二年）で武力によって近江朝廷が滅亡に追い込まれた事実も、国号変更のきっかけになっただろう。同乱で勝利をおさめて即位した天武天皇の発意にかかる新しい令で、新国号が公式に制定されたと考えても、決して不自然ではあるまい。

これに対し、次の『大宝令』の場合は、先帝である持統上皇の後見のもとに、『浄御原令』をベースにしてまとめた（『続日本紀《しょくにほんぎ》』大宝元年八月三日条に「大略、浄御原朝庭《ママ》をもちて准正《じゅんせい》とす」とある）。だから前代との連続性が強い。新国号への変更という斬新かつ大胆な変更があったとは想像しにくい。

以上のようであれば、「日本」国号の制定は六八九年であり、持統天皇の正式な即位はその翌年だから、日本で最初の天皇は他ならぬ持統天皇だったことになろう。最初の「天皇」も、「日本」初の天皇も、どちらも女性天皇だった可能性が高い。

ところで、持統天皇の即位を「中継ぎ」とする見方が有力だろう。しかし、当時はまだ「皇太子」制が未成立だった（荒木敏夫氏『日本古代の皇太子』）。わが子の草壁《くさかべ》皇子の即位が必ずしも有望視されていたわけではない。むしろ、持統天皇が進んで自ら称制を行い、皇位継承上のライバルを排除して（大津《おおつ》皇子事件）、その即位の可能性を高めたと言える。その草壁皇子が早く亡くなると、今後は新しく皇太子制を創設し（六八九年の飛鳥浄御原令による）、皇極天皇の時のような不祥事がない状態で、明確な意図のもとに「皇太子」となった孫の珂瑠《かる》（軽）皇子（文武天皇）に譲位した（六九七年）。

後から眺めると文武天皇への「中継ぎ」だったように見えるかも知れない。しかし、それは、文武天皇の即位に向けて、果敢にあらゆる努力を傾けた結果にすぎない。その上、文武天皇即位後も生涯、その後見に当たられた（ちなみに、天皇が崩後に火葬されたのも、この天皇が初めて）。

「女系天皇」は過去に実在した

これまでに「女性天皇」はいても「女系天皇」はいなかった——というのが政府をはじめ一般的な見解だ。はたしてそうか。

キーになるのは「女系天皇」の概念規定だ。

よく「女性天皇と女系天皇の区別も分からない人が多い」という言い方を耳にする。しかし、女性天皇と女系天皇の区別がよく理解できない人は、論理必然的に男性天皇と男系天皇の区別も分かっていないはずだ。しかし、その区別も知らないで「男系天皇」を支持するのはおかしい、という声は聞いたことがない。改めて考えてみると、ダブルスタンダードではなかろうか。それだけ、シナ由来の男尊女卑―男系絶対の観念に根深くとらわれている人が、わが国の一部にはまだ存在するということだろうか。

それはともかく、「女系天皇」について分かっているつもりの人でも、案外うまく整理できていないことが多い。「男系天皇」はもちろん、男性天皇の血筋を引く天皇だ。一方、女性天皇の血筋を引くのが女系天皇。ここまでは誰でも分かる。では、両親が共に天皇だった場合はどうか。具体的には、たとえば天智天皇・天武天皇のご兄弟は、父親が舒明天皇で母親は皇極天皇。こうしたケースでは旧来の「男性優位」の観念から、一般に〝男系〟の天皇と見られる。どちらも「天皇」なので、性別が考慮されるためだ。

ところが、父親が一般皇族で母親が天皇の場合はどうか。先のケースと同じく、シナのような「同姓不婚」を原則とする男系社会では、決してありえない事例だ。この場合は、男女の性別よりも「天皇」という地位を重視して、女系と見るのが当たり前ではないか。そうでなければ、〝天皇か皇族か〟という国家の公的秩序の根幹にかかわる区別よりも、「男尊女卑」の考え方を優先することになろう。

そして実際に、文武天皇・持統上皇の時代に制定された『大宝令』（継嗣令《けいしりょう》）では次のような条文があった。

「皇兄弟・皇子はみな親王とせよ。〔女帝の子もまた同じ〕」

ちなみに、この条文のもとになったのは唐の「封爵令《ほうしゃくれい》」の次のような条文だ。

「皇兄弟・皇子はみな親王とせよ」

両者を比べてみると日本の「令」では「女帝の子もまた同じ」という〝本注《ほんちゅう》（令そのものと一体となった注で法的拘束力をもつ）〟をわざわざ書き加えていたことが分かる（『養《よう》老令《ろうりょう》』でも同様）。

日本の条文の意味はこういうことだ。天皇の兄弟（姉妹）と皇子（男女とも）は、「親王（内親王）」という称号と待遇を与えなさい。女性天皇の子どもの場合も、父親である一般皇族の血統（男系）であれば（ランクが下の）「王（女王）」とすべきであるが、そうではなく天皇である母親の血統（女系）によって、男性天皇と同じように「親王（内親王）」としなさい、と。

シナの男尊女卑―男系主義の観念を前提とする限り、決してありえない条文を『大宝令』『養老令』はつくり上げていた。「継嗣令」の規定では、内親王の配偶者は皇族に限られる建前だったが（これも男系社会ではありえない）、皇位についた場合、その子は配偶者の男系の血筋でなく、女性天皇の血筋とされたのだ（そうでなければ、親王・内親王ではなく、王・女王とされる）。当時の基本法だった令では、男女の性別よりも、天皇か一般皇族かの区別を優先していた。念のためにこれまでに示されている解釈を掲げておく。

「女帝は大宝令の段階（あるいはさらにさかのぼって浄御原令の段階か）で唐令にはなかったにもかかわらず、日本令には明記され法制度として定着していたと考えられるのである。しかも、その所生子は律令の父系帰属主義に反して、男帝の子と同様に親王（いわば皇位継承候補者）とされた」（成清氏『日本古代の家族・親族』）

「父系優先の原則から除外して親王身分とする」（佐藤長門氏「史実としての古代女帝」）

「『女帝の子もまた同じ』ということは、女帝の子も『親王』として皇位継承資格を持つことを意味する。すなわち、日本令の本註は、女系天皇の即位を容認する規定なのである」（義江氏『女帝の古代王権史』）

　歴史上の「女系天皇」の定義は、現代人の勝手な意見にもとづくのではなく、当時の法規範によるべきことは、改めて言うまでもない。では上記の条文を当てはめた場合、わが国の歴史に女系天皇は実在したのかどうか。

　予断なく点検すれば、元正天皇はまさに「女系天皇」だったと判断するのが、令の条文に従った素直な解釈だろう。従来、父親が草壁皇子だった→草壁皇子を介して天武天皇につながっている→だから「男系天皇」という、シナの男尊女卑―男系主義に立脚した「からごころ」的解釈が、まかり通っていた。しかし、母親は元明天皇。まさにドンピシャリの「女帝の子」だった。その上、同時代の基本法は『大宝令』そのものに他ならない。ならば、後世の勝手な解釈はともあれ、即位当時において「女系天皇」とされていたことに疑問はないだろう。

　なお同本注について、内親王が即位した際に、その子らに対する「待遇の差を是正する必要」があって、追加されたとの推測がある（宮部香織氏「律令法における皇位継承―女帝規定の解釈をめぐって」)。もちろん、そうした側面も認めてよいだろう。

「不婚」の理由

ところで、奈良時代の元正天皇と孝謙=称徳天皇は不婚であられた。古代の女性天皇はこのお二方以外は皆、既婚者でいらした。それぞれ未亡人として即位された時の年齢は、当時としては〝長老〟というべき域に達しておられた。なので、ご即位後「結婚されなかった」のは当たり前。なのに、その事実をやたらと強調する人を時おり見かけるのは、首をかしげる(皇極天皇は前述の通り再婚されていたのだし)。

だから、むしろこのお二方がご生涯、結婚されなかった方が例外だった。それは何故なのか。

元正天皇については、すでに以下のような説明がされている(松尾光氏「元正天皇の即位をめぐって」)。

元正天皇の結婚適齢期(十六歳~十八歳の頃)は、ちょうど持統天皇が文武天皇に譲位しようとされていた時期に当たる(六九五年~六九七年)。ところが、文武天皇はもともと病弱で、姉の元正天皇が即位する可能性もあった。もし元正天皇が即位された場合、男性天皇に対する皇族皇后と同じように、その配偶者の男性皇族にも皇位継承の可能性が生まれ、文武天皇からその子へという「直系」継承に支障が生じかねない。女性天皇にも男性天皇に劣らない〝権威〟がある以上、そうした事態を避けるためには不婚でいてもらう他なかった——というのだ。確証はないが説得力のある見方だろう。

そうすると、孝謙天皇についても似たような状況があったことに気づく。

孝謙天皇は、聖武天皇と光明《こうみょう》皇后の間に生まれた第一子。その後、男子が生まれてすぐに「皇太子」となったものの、一年足らずで亡くなってしまう。その結果、即位の可能性が高まったものの、その結婚適齢期になっても光明皇后が男子を生む可能性は失われていなかった（孝謙天皇が適齢期の頃、光明皇后はまだ三十三歳〜三十五歳）。そうすると、やはり不婚が求められてしまう。配偶者をもつとその男性皇族が即位する可能性が出てくるし、子どもが生まれると「女帝の子」として皇位継承資格を持つことになる。その後に光明皇后がもし男子を生むとトラブルを招きかねない。

「シナ化—男系化」が進んだ八世紀でも、女性天皇はそれなりに権威をそなえ、「女帝の子」も皇位継承候補者になりえた。皮肉ながら、それゆえに不婚でなければならない場面があったと考えられる。

直系の女性上皇と傍系の男性天皇

奈良時代における女性君主の〝権威〟を示す出来事として、孝謙上皇による淳仁天皇の廃立《はいりつ》（七六四年）があった。両者の政治的対立の結果だ。

上皇は天皇の住まい（中宮院《ちゅうくういん》）に兵を送り、皇位を取り上げて淡路島にうつすという、乱暴この上ないことを行って、再び天皇になられた。このような振る舞いが許されるのは、かつて聖武天皇からそのような権限を認められていたからだというのだ。「王《おおきみ》と奴《やっこ》となすとも、奴を王と云《い》うとも、汝《いまし》の為《せ》むまにまに」（王を臣下《しんか》にしても、臣下を王と言うのも、お前のしたいようにすればよい。『続日本紀』天平宝字八年十月九日条）と。

すでに聖武天皇が亡くなった後でも、こうした過激な行為が朝廷の貴族や役人らに許容された理由は何だったか。端的に言って、「直系」の血統の権威によるものだろう。

淳仁天皇は天武天皇と新田部《にいたべ》皇女の間に生まれた舎人《とねり》親王の子だった。明らかに〝傍系〟と言わざるをえない。一方の孝謙上皇は、「天武天皇―持統天皇」の直系を引く聖武天皇の〝第一子〟だった。しかも母親は光明皇后。その後、聖武天皇の側室（夫人《ぶにん》）から男子（安積《あさか》親王）が生まれたのを差しおいて、女性として初めての「皇太子」に立てられていた。まさに直系中のド真ん中の直系と言うべきだろう。血統の〝格〟がまるで違っていた。

この当時、直系の女性の上皇の方が傍系の男性の天皇より重い権威が認められていた事実を、知ることができる。廃立された淳仁天皇は淡路島で亡くなり、「淡路廃帝」と呼ばれていた。だが、明治三年に歴代に加えられ、「淳仁天皇」という諡号《しごう》（おくり名）もこの時に決まった（帝国学士院編『帝室制度史』第六巻）。

孝謙天皇が重祚して称徳天皇になられた後、いわゆる「道鏡《どうきょう》事件」が起こっている。『続日本紀』の関係記事を丁寧に読むと、同書の編者は道鏡本人を〝悪役〟に仕立てようとしているものの、事件の主導者は称徳天皇だったことが分かる。称徳天皇が事件を引っ張っておられたなら、その動機は何だったのか。

『公卿補《くぎょうぶ》任《にん》』には道鏡について次のような記事がある。「天智天皇の孫。施基王子《しきのみこ》の子なり」と（『七大寺年表』などにも）。施基皇子は天智天皇の第七皇子（母親は側室で、北陸方面の地方豪族の娘）。これが事実なら道鏡は皇胤《こういん》（天皇の血統）だったことになる。もちろん、それは「あやしい」というのが学界の通説だ（横田健一氏『道鏡』）。これに対し、「母の出自が低かったので幼いときに中流貴族の弓削《ゆげ》氏に養子に出されたのであろう」とする異説もある（武光誠氏『古代史大逆転』）。にわかに結論を下すのは難しいが、称徳天皇が道鏡を皇位につけようとした背景に、もしそのような事実があったのなら、比較的理解しやすいだろう。

　しかし、朝廷の貴族・役人らは、たとえどのような出自であっても、幼少期から長く臣下として暮らしてきた人物は、もはや皇統につながって皇位継承資格をもつとは認めがたかった。その朝廷内の合意を踏まえて、果断な行動に出たのが和気清麻呂《わけのきよまろ》だったのではあるまいか。

　なお、貴族の合意と称徳天皇の同意によって、次の天皇として即位したのは、「男系」では傍系で、しかも高齢の第四十九代・光仁《こうにん》天皇だった。何故、この人物だったのか。理由は簡単だ。聖武天皇の直系の血を「女系」で受け継ぐ他戸《おさべ》親王の父親だったからだ（吉田孝氏『歴史のなかの天皇』ほか）。つまり、聖武天皇の娘を母親にもつ他戸親王の即位につなげる「中継ぎ」としての即位だった（ただしその後、藤原氏の策略で桓武《かんむ》天皇が即位することになったが）。〝双系〟の伝統をもつわが国らしい皇位継承のパターンだろう。

　称徳天皇の後、江戸時代まで長く女性天皇が途絶えた。しかし、平安時代の儀式書（十世紀後半に成立した『西宮記《さいきゆうき》』巻十九）には、「天皇即位」の際の装束として「童帝」および「女帝」の場合についての記述もある。まだ女性天皇が過去の存在とは見なされていなかったからだろう。

現に、第七十六代・近衛《このえ》天皇が若くして亡くなられた時（一一五五年）、次の天皇として近衛天皇の姉だった暲子《しょうし》内親王が候補として浮かび上がる場面があった（『愚管抄《ぐかんしょう》』など。荒木『可能性としての女帝』）。しかし、もともとその頃の通念では即位するのが当たり前ながら、「即位の器量」に欠けると見られていた後白河《ごしらかわ》天皇の即位で決着した。

武家支配下の女性天皇

江戸時代の女性天皇は、古代（飛鳥時代・奈良時代）の場合とは様子が大きく異なる。

という以前に、国家秩序全体に占める「天皇」そのものの存在感が、かなり〝縮小〟していたのは否定できない。「公武《こうぶ》（公家《くげ》と武家）和融《わゆう》原則に立って存立する幕藩《ばくはん》制国家の『金冠』的な権威部分として近世の公議権力の最上部に定置された」（深谷克己氏『近世の国家・社会と天皇』）などとされるのが、その実態に近かっただろう。

江戸の女性天皇の大きな特徴は三点あった。その一は、まさに「中継ぎ」だったと考えられること。その二は、生涯「不婚」だったこと。その三は、天皇が成人した後も、天皇の権限を代行する「摂政」が置かれ続けたことだ。少し具体的に見よう。

まず「中継ぎ」について。

古代の女性天皇の場合、ほぼ中継ぎと見られるのは、元明天皇・元正天皇の二代だろう。

一方、江戸時代で最初の女性天皇、第百九代・明正天皇（このおくり名は元明・元正の組み合わせによる）の場合は、先代で父親だった後水尾《ごみずのお》天皇の急な譲位によるもので、ご即位の時点では次の継承候補がいなかった。なので「中継ぎ」ではないという見方もある。しかし、その後に男子が生まれることが期待されており、又、実際に弟の紹仁《つぐひと》親王が十一歳になると譲位している。だからやはり「中継ぎ」と見てよいだろう。

江戸時代で二人目の女性天皇は、第百十七代・後桜町天皇（おくり名は父の桜町天皇にちなむ）。弟の第百十六代・桃園《ももぞの》天皇が若くして急に亡くなり、次の継承候補者の英仁《ひでひと》親王（後の第百十八代・後桃園天皇）がまだ幼かったために即位された。典型的な「中継ぎ」だった。

次に「不婚」について。

この事実については、「八世紀初めの元正天皇以来の先例の踏襲であろうか、生涯結婚しなかった」（藤田覚氏『近世天皇論―近世天皇研究の意義と課題』）という説明がある。古代に不婚の女性天皇がお二方おられ（元正天皇・孝謙＝称徳天皇）、その他の女性天皇も（未亡人としてご高齢で即位されたので当然ながら）在位中は独身であられた事実が、ご結婚をタブー視する意識を生んだ可能性がある。

ただし、後桜町天皇のご即位は二十三歳で、すでに結婚していてもおかしくない年齢だった。しかし、そもそも江戸時代に十三歳以上まで無事に成長された皇女が五十人おられた中で、実際に結婚されたのは十四人にすぎず、全体の三割弱しかおられなかった（服藤早苗氏編著『歴史のなかの皇女たち』）。なので、「女性天皇だから」という以前に、皇女の身分の高貴さゆえに、ご結婚が困難な全般的な制約があった。そうした事実についても、考慮しておく必要がある。

さらに、「摂政」について。

明正天皇は七歳で即位されたので、当初、摂政が設置されたのは当然だ。しかし、その頃の成人年齢の十五歳に達しても摂政が置かれ続けたのは、明らかに異例だった。これは、朝廷では明正天皇が成人年齢になられたことから、摂政（二条康道）を、天皇の補佐役である「関白《かんぱく》」に変更しようとして、江戸幕府の意向を打診したものの、結局、その同意を得られなかったためだ（『道房公記《みちふさこうき》』）。幕府が同意しなかったのは、武家として「男尊女卑」的な偏見が強かったためだろうか。

次の後桜町天皇が即位された時、すでに成人年齢だったにもかかわらず摂政が立てられた。おそらく、明正天皇の〝先例〟がそのまま踏襲されたことによるだろう。武家支配による男尊女卑の観念の強い時代だったことが、江戸時代の女性天皇の存在を古代よりはるかに矮小《わいしょう》でいびつなものにしてしまったと言える。

古代の推古天皇や持統天皇のような偉大さや、孝謙＝称徳天皇のような強烈な存在感はとても望むべくもなかった。

現代の皇位の安定継承をめぐる議論の中で語られる、中継ぎ・不婚などの「女性天皇」のイメージは、もっぱらこの矮小化され、いびつに変形させられた江戸時代の女性天皇がモデルになっているように見える。

しかし、その江戸時代の女性天皇でさえも、傍系の第百十九代・光格《こうかく》天皇が即位された時には、君主として「慈悲仁恵《じひじんけい》」「仁恵誠心《せいしん》」の心が大切であることを、後桜町上皇が懇篤に教諭されていた事実があった（『宸翰英華《しんかんえいか》』）。

又、その後桜町天皇の大嘗祭の神事に当たり、男女の性別に関係なく最も清浄な「祭《さい》服《ふく》」を召されていた事実が、指摘されている（宍戸忠男氏「後櫻町天皇と神事服攷――女性天皇着御服にみる祭祀服の本義」）。

以上のようであれば、シナの「男尊女卑―男系主義」とは異なる「女性尊重―双系主義」の伝統にこそ、日本的特質、日本らしさの〝原点〟があったと振り返ることができる。「シナ化―男系化」の歴史の中でも、それが最終的に失われてしまうことがなかった。そのことは、矮小化された姿であっても、武家支配下の江戸時代でさえお二方の女性天皇が即位された事実が、裏づけているのではないだろうか。

第四章

憲法の中の「象徴天皇」

象徴天皇は神格化？　非人間化？

現代日本人の多くは、「天皇とは何か？」との問いかけに対し、ほとんど条件反射的に「象徴」と答えるのではないだろうか。だが、その〝象徴としての天皇〟がどのような存在であるのかについて、踏み込んで考えようとする人を見かけることは、あまりなかった。

その数少ない例外の一人は、戦後日本の代表的な「保守」知識人だった福田《ふくだ》恆存《つねあり》氏だろう。同氏は次のように述べていた。

「『象徴』といふものはない。『元首』なら存在する。『元首』の性格も機能も歴史と共に変化する。その変化の要因をなすものは現実の政治であり、国民の政治意識である。現実が先で、言葉があとだ。『元首』なら、具体的なもの、つまり人であつて、それがたまたま私の気に食はぬ人物であつても一向にさしつかへはない。が、『象徴』では、しかも私たちの総意による国民統合といふ抽象的なものの『象徴』といふ、これまた不分明で抽象的なものとあつては、気に食ふ、気に食はぬの埒外《らちがい》のものとなる。しかも、私たちは寄つてたかつて天皇をそのやうに祀《まつ》りあげねばならぬし、現にさうしつつあるのではないか。すなはち、天皇の神格化であり、それ以上に天皇の非人間化でしかない」（「象徴天皇の宿命」

平成元年）

これは当時、天皇の「元首化」反対！などという少しトンチンカンな政治的主張が、まだ真正面から唱えられていた時代に書かれた文章だ。

「元首」であれば世界中のどの国にも普通に存在するし、〝人間〟としてその役割を担うことができる。しかし、「国民統合の象徴」となると話がまるで違う。「生身の人間に向つて、この世の者ならざる何者かになれと要求する事である」「天皇の否定者と肯定者と、その双方の象徴になるとは、一体どういふことを意味するのか」（福田氏前出）と。

かつて一定の人々が、「元首化反対」を唱えていたのは、天皇が「元首」になることは、その〝権威〟をより高めて「神格化」することを意味する、と早合点していたためだった。しかし、少数の例外を除いて、世界中の元首がことさら神格化されているわけではない。天皇は、そのような普通の元首のお一人でいていただけば、それでよいのではないか。お一人の「生身の人間」に、内部にさまざまな対立をかかえる「国民」の「統合」の「象徴」であられることを求めるのは、そもそも無理な注文であり、〝神様〟にしかできないようなことを求めることこそが、真の「神格化」だ――というのが福田氏の考え方だったろう。

最近になって、「人間天皇」と「象徴天皇」は対立し矛盾するのではないか、象徴天皇は神格化ではないか、といった観点からの意見が、ようやく現れるようになった。同氏の先見性は驚くべきものがある（同氏がそのような観点を最初に打ち出した「象徴を論ず」の執筆は昭和三十四年）。

しかし、多くの日本人にとって、「象徴天皇」という言葉は久しく、単なる符丁《ふちよう》にとどまっていたのではないか。国民が、この言葉がもつ〝重み〟を、改めて実感するきっかけになったのは、いつか。おそらく平成二十八年八月八日の上皇陛下（当時は天皇）のビデオメッセージの中で、ご自身が「象徴天皇」という言葉を、重々しくいかにも大切そうに口にされたのを拝見した体験によってではあるまいか。

「即位以来、私は国事行為を行うと共に、日本国憲法下で象徴と位置づけられた天皇の望ましい在り方を、日々模索しつつ過ごして来ました」

「天皇が象徴であると共に、国民統合の象徴としての役割を果たすためには、天皇が国民に、天皇という象徴の立場への理解を求めると共に、天皇もまた、自らのありように深く心し、国民に対する理解を深め、常に国民と共にある自覚を自らの内に育てる必要を感じて来ました」

「これまで私が皇后と共に行《おこな》って来たほぼ全国に及ぶ旅は、国内のどこにおいても、その地域を愛し、その共同体を地道に支える市井《しせい》の人々のあることを私に認識させ、私がこの認識をもって、天皇として大切な、国民を思い、国民のために祈るという務めを、人々への深い信頼と敬愛をもってなし得たことは、幸せなことでした」と――。

そこで改めて、憲法が定める「象徴天皇」とはいかなる存在でありうるのかについて、少し丁寧に考えてみたい。

なぜ第一章は「天皇」なのか

まず憲法上の天皇の位置づけについて、ややもすれば見落とされがちな事実について、しっかりと目を向けておく必要がある。それは何か。

憲法において「天皇」という存在が極めて重大視されていることだ。

これは憲法全体の構成を見れば、直ちに納得できるだろう。憲法の章立ては次の通り。

第一章　天皇（第一条～第八条）
第二章　戦争の放棄（第九条）

第三章　国民の権利及び義務（第十条〜第四十条）
第四章　国会（第四十一条〜第六十四条）
第五章　内閣（第六十五条〜第七十五条）
第六章　司法（第七十六条〜第八十二条）
第七章　財政（第八十三条〜第九十一条）
第八章　地方自治（第九十二条〜第九十五条）
第九章　改正（第九十六条）
第十章　最高法規（第九十七条〜第九十九条）
第十一章　補則（第百条〜第百三条）

この並び方を見ると、憲法が予想する国家秩序観をおよそ読み取ることができる。その公的秩序の中で、優先順位の高いものから配列していると、理解しうるだろう。

そもそも、憲法の〝第一章〟に君主に関する規定を一括している形は、世界の立憲君主国の中で他に類例を見ないだろう。これは先行した帝国憲法の構成を下敷きにしたためと考えられる。

ちなみに、帝国憲法での章立ては次のようだった。

第一章　天皇（第一条～第十七条）
第二章　臣民権利義務（第十八条～第三十二条）
第三章　帝国議会（第三十三条～第五十四条）
第四章　国務大臣及《および》枢密顧問（第五十五条・第五十六条）
第五章　司法（第五十七条～第六十一条）
第六章　会計（第六十二条～第七十二条）
第七章　補則（第七十三条～第七十六条）

両者の対応部分が意外と多いのに、驚く人がいるかも知れない。

ところで、もともとの政府系の憲法草案では、どれも国土・国民の条文を先とし、「天皇」については後ろに回されていた。ヨーロッパの立憲君主国の条文配列を見習っていたためだ。

その一方、福沢諭吉を会長とする民間の社交クラブの交詢社《こうじゅんしゃ》が起草した憲法草案（明治十四年発表）では、第一章に「天皇」関係の条文をまとめていた（第一条〜第七条）。帝国憲法と今の憲法が第一章に「天皇」を置いている〝先がけ〟だったと言うことができる。

では、交詢社案はどのような考え方に立脚していたのか。この点について、次のような解説がある。

「交詢社案が、なぜ政府より民権的であるにもかかわらず『国土、国民』から書き始めないで『天皇』を第一にかかげたか。……それは端的にいって……福沢諭吉が『帝室（皇室）は政治圏外のものなり』といった思想の現はれと解していい。より適切にいへば、中江兆民の語のやうに『天子（天皇）さまは、政府方でもなく、国会やわれわれ人民方でもなく、一般衆民の頭上に在って、別に御位《みくらい》を占《し》めさせ給ふて神様も同様なり』との思想論理から出ている憲法構造である」（『大日本帝国憲法制定史』同調査会）

政治に対立・抗争は避けられないし、政治の活力という面を重視すれば避けるべきでもない。しかし、一方ではその対立を超えて全体を統合する存在も不可欠だ。そのような役割は天皇・皇室にこそ求めるべきで、そのためには天皇・皇室は是非とも政治上の対立を超えた特別の地位にいていただく必要がある。

福沢諭吉が『帝室論』（明治十五年）などで展開したのは、そのような議論だった。こうした考え方を憲法構想の中に定着させようとして、第一章に「天皇」の条文を一括するというアイデアが生まれたらしい。

そうだとすれば、天皇を「国民統合の象徴」とする現憲法が、帝国憲法での配列を踏襲して、「天皇」条文を第一章にすえているのは、まことに相応《ふさわ》しい形と言えるだろう。

三権より上位の天皇

もう少し具体的に見てみよう。そうすると、国家秩序の中での天皇の位置づけが分かる。国の統治組織の中で最上位にくるのは何か。三権（立法・行政・司法）関係の憲法の規定で一番前の第四章に置かれている「国会」だ。憲法自体が「国会は、国権の最高機関」（第四十一条）と明記している。これは、国会が〝国民の代表機関〟である事実にもとづく。「主権の存する日本国民」（第一条）の代表機関であれば、「国権の最高機関」なのは当然だ。では、その国会を「召集」されるのはどなたか。

天皇である――というのが憲法の定めだ（第七条第二号）。「召集」とは「上位の者が下位の人々を呼び集めること」（『明鏡国語辞典　第二版』）だ。「招集」と違って上下関係を持ち込んだ言葉を、憲法はあえて採用している。憲法は、「国権の最高機関」である国会のさらに上位に、「天皇」という存在を位置づけていると受け取ることができる。

　国会の開会式での様子は、このような憲法上の天皇の位置づけを、目に見える形で表現しているだろう。

　当日、天皇陛下は数種類ある「御料車《ごりょうしゃ》」（天皇専用車両）のうち、最も格式の高いお車に乗って国会議事堂に向かわれる。国会議事堂の正門から玄関にかけて、百人以上の国会議員がお車が通る両側に並び、一斉に陛下に頭を下げる。中央玄関は、選挙後の議員の初登院や国賓が出席する場合を除き、天皇陛下をお迎えする時以外は、開かない。玄関では、衆参両院議長がかしこまって出迎える。

　開会式自体は必ず参議院で行われる。これは参議院の建物がかつての貴族院で、こちらにだけ、正面中央の演壇の後ろに天皇のお席が設けられているからだ。普段はカーテンで隠されている。赤じゅうたんが敷かれた階段の上に、菊の御紋章の入ったお椅子が置かれている。天皇陛下はそのお椅子の前で「おことば」を読み上げられる。

　国会を「召集すること」自体は、憲法に定める天皇の国事行為だが、開会式は衆院議長が主宰する行事だ（国会法第九条第一項。衆院議長に事故があった時は参院議長が主宰。同第二項）。天皇陛下は「最高の来賓」というお立場でのお出まし。

陛下がおことばを読み終わると、衆院議長が恭《うやうや》しくおことばが書かれた紙を受け取り、押し戴いた姿勢のまま、陛下の方に向いて後ろ向きで階段を降りる。「国権の最高機関」の長で、式の主宰者がこの上ないほどへり下った態度で、終始、陛下に接している姿は印象的だ。憲法の「召集」という言葉に込められた、天皇と国会との上下関係をはっきりと具現化した場面と言える。

次に第五章に書かれている「内閣」と天皇の関係はどうか。

憲法には「行政権は、内閣に属する」（第六十五条）とし、「（内閣の）首長たる内閣総理大臣」（第六十六条第一項）と定める。その内閣総理大臣を「国会の指名に基《もとづ》いて……任命する」のは天皇だ（第六条第一項）。天皇は「任命する」側であり、内閣総理大臣は任命される側。明らかに、天皇が〝上位〟で内閣総理大臣は〝下位〟という位置づけだ。内閣総理大臣の任命について、国会の指名を踏まえて内閣から天皇に届けられる書類の文面も、「任命するについて、右謹んで裁可を仰ぎます」という言い回しになっている。この憲法上の上下関係がよく示されているのが「親任式」だ。新しく内閣総理大臣に任命される人物が、天皇陛下の前でかしこまっている姿は、当然ながら国会で野党の質問に対峙している時とは、かなり様子が違っている。

第六章の「司法」についてはどうか。憲法には「すべて司法権は、最高裁判所及び法律の定めるところにより設置する下級裁判所に属する」（第七十六条第一項）とある。司法の頂点に「最高裁判所」が位置しており、「内閣の指名に基いて」その「長たる裁判官」（長官）は天皇が「任命」される（第六条第二項）。ここでも、任命する側とされる側の〝上下関係〟は、明らかだ。内閣総理大臣と同じく親任式が行われる。

このように見ると、憲法は国会・内閣・裁判所という三権にかかわる統治組織の〝上位〟に「天皇」を位置づけていることが分かる。皇室の重要事項についての議決に当たる「皇室会議」の構成メンバーに、三権の長ら（衆参両院の正副議長、内閣総理大臣、最高裁の長官と判事ら）がそろって加わっている（皇室典範第二十八条第二項）のも、そのような天皇の位置づけを前提にしないと、考えにくい。

では、天皇は何故このような〝高い〟位置を与えられているのか。その憲法上のロジックはどのようなものか。

「象徴たるべし」という要請

憲法上、天皇〝だけ〟が唯一の「日本国の象徴」であり、「日本国民統合の象徴」とされている。これは憲法が構想する国家秩序の（価値的な）〝頂点〟を意味する表現だろう。しかも、その地位は「主権の存する日本国民の総意に基く」とされている（第一条）。つまり憲法上、この上なく強固な基盤の上に立っていることを意味している。

憲法が定めるどのような地位・制度も、「日本国民の総意に基く」とされているものは、天皇の他にはない。「日本国」および「日本国民統合」の「象徴」より〝上位〟にあると考えられる地位もない。つまり、公的秩序において、天皇が唯一至高の地位にあることを、「主権」そのものが裏打ちしていると、「最高法規」である憲法それ自体が規範としてゆるぎなく定めている——という構図だ。

天皇がこのような地位であれば、三権の上位に位置づけられて当然だろう。三権は、統治にかかわる三つの領域での、それぞれ限定的な主権の働きと言えよう。これに対し、天皇はほとんど「主権」そのものの表徴と言いうる尊厳なお立場なのだ。かつて福田氏が、「神格化」といういささか突飛な表現をされたことも、あながち的外れだったとは言えない側面がある。

ところで、改めて言うまでもないことながら、憲法の条文は「リンゴは赤い」といった類いの〝事実の記述〟ではない。そうではなくて「朝は早く起きるべし」という〝規範の提示〟だ。天皇が「日本国」および「日本国民統合」の「象徴」であるというのも、もちろん〝象徴であるべし〟という規範的な要請を示しているのに他ならない。

誰に対する要請か。まずは、天皇ご自身への要請だろう。少なくとも公的な場面において、「日本国の象徴」「日本国民統合の象徴」であるに相応しく振る舞われるべし、と。さらに、私的な空間においても、上記の要請とくい違うような言動は、やはりお慎みいただくということ。この辺りは、福田氏が言った「非人間化」に近いかも知れない。

次に、国会・内閣・裁判所などの統治組織も、天皇が「日本国」および「日本国民統合」の象徴であるに相応しく対処すべし、ということ。先ほど触れた国会開会式や親任式での様子なども、この点にかかわるだろう。もちろん、そんなことだけでなく、具体的な立法や行政上の取り組みなどにおいても、この規範的要請は貫徹されるべきことになる。先の上皇陛下のご譲位を可能にした特例法や、このたびの皇位の安定継承を目指す政府・国会の取り組みなどもその事例かも知れない。

さらに、帝国憲法下の「天皇機関説」で有名だった美濃部達吉博士は、現憲法の「象徴」規定をめぐり、「国民」一般の「義務」に言及して、次のように述べていた。

「憲法の正文を以て定められて居るのであるから、必然的に法律的観念たるもので、即ち国民は法律上に天皇の御一身《ごいっしん》に対し国家及び国民統合の現れとして尊崇すべき義務を負ふのである。国家の尊厳が天皇の御一身に依《よ》り表現せられ、国民は何人《なんぴと》も其《そ》の尊厳を冒瀆《ぼうとく》すべからざる義務を負ふのである」（『日本国憲法原論』）と。

内心にかかわる「尊崇すべき義務」というのは、そのまま支持しがたい気がする。しかし、外面に表われる言動としてなら、象徴天皇の「尊厳を冒瀆すべからざる義務を負ふ」というのは、「表現の自由」などとのかかわりで、運用上の慎重さはもちろん必要としても、憲法の規範的要求に包まれると解釈しても、さほど無理はないのではあるまいか。もちろん国民一般については、原則として第一章よりも第三章の適用を優先すべきだろう。

ところが、現代の憲法学者の中には、第一条について〝だけ〟は「事実命題」だと主張する人がいるのでビックリしてしまう。

長谷部恭男氏の『憲法　第五版』に次のような記述がある。

「具体的な何者かが、ある抽象的な存在の象徴であるか否かは、結局は、個々人がその具体的なものを抽象的な存在の象徴と考えるか否かという社会心理上の事実に依存している。……天皇が日本の象徴であるか否かは、多くの人々が天皇を見て日本のことを思い起こすか否かという事実に依存している……象徴たる地位が『日本国民の総意に基づく《ママ》』（憲法一条）は、その限りで、当然の事柄を述べているにすぎない。これ以上に、憲法が『天皇を日本国の象徴と考えよ』と人々に命じているとすれば、それはナンセンスな命令である。思想、良心の自由を保障する憲法十九条を持ち出すまでもなく、法は人の内心に及びえない」

ずいぶん奇妙なことを述べている。先に言及したように、憲法が要求している（命じている）のは、「内心」のことではない。あくまでもどのように振る舞うかという「外面的な行動」についてのことだ。天皇ご自身がどうされるか。統治組織がどう対処するか。国民の言動はどうか。長谷部氏の意見のおかしさについて、もう少し述べてみよう。

「事実命題」ではない

そもそも、憲法冒頭の第一条に〝事実を記述〟して何の意味があるのだろうか。「日本国民の総意に基く」というのが「当然の事柄を述べているにすぎない」というのは、「社会心理上の事実」として〝みんなそう思っている〟ということだろう（ずいぶん幼稚な解釈に思えるが）。もしその通りならば、そんな誰でも分かっている「当然の事柄」を、わざわざ第一条（！）に書き込む必要性が理解できない。

しかも、「多くの人々が天皇を見て日本のことを思い起こす」という事実は、本当にあるのか。むしろ事実は千差万別ではないのか。

天皇陛下のお姿を拝して「平和」を思い起こす人だっているだろう。「歴史」に思いを寄せる人がいるかも知れない。陛下が皇太子時代から取り組んでこられた「世界の水問題」を思い浮かべる人がいてもおかしくない。あるいは、一人の人間であっても、「天皇を見て」何を「思い起こす」かは、その時々の状況によって流動的かも知れない。「多くの人々が天皇を見て（いつも必ず）日本のことを思い起こす」などという〝客観的な事実〟があるという判断は、何を根拠にしているのだろうか。あるいは、そのような「事実」を確認できる、説得力のある方法は存在するのか。

客観的な根拠もなく、そのような「社会心理上の事実」がまぎれもなく存在すると思い込んでいる人がもしいたとすれば、皮肉ながらそれこそ「天皇」という存在をかなり「神格化」していることにならないだろうか。

憲法学者の木村草太氏も、長谷部氏の説に対して「説得力を感じます」と高く評価されている。

「普通の法文は、内心の動きではなく、外面的な行動を導きます。……行動は強制できても、個々人の内心は強制できませんから、憲法第一条に限っては、事実命題と解釈せざるを得ない……よくよく考えてみれば、『天皇は日本の象徴だ』と人々が考えているとしたら、それは憲法第一条にそう書いてあるからではなく、歴史や天皇のふるまいなどから、人々が天皇に象徴性を感じているからだ、という話にならざるを得ないのではないでしょうか」（大澤真幸氏との共著『むずかしい天皇制』）と。

しかし、第一条は前に述べた通り「内心の動きではなく、外面的な行動」に対する規範だ。「天皇のふるまい」自体、上皇陛下のビデオメッセージにも言及されていたように、憲法の規範的要請を深く自覚されている。だから、同条に「限っては（！）、事実命題」という無理な解釈をする必要はない。さらに、「天皇」と「象徴」という難解な（多くの人々にとってほとんど無縁な）語を等号《イコール》で結びつけるというユニークな発想は、「憲法第一条にそう書いてあるから」こそ一般的に定着した——というのが「社会心理上の事実」ではあるまいか。

やはり第一条は〝事実の記述〟（事実命題）ではなく、〝規範の提示〟（当為命題）と理解する他ないだろう。ここで、そのような立場の一例として佐藤幸治氏の説明を掲げておく。

「『象徴』は元来社会心理的なものであって、それ自体としては法と関係を有しうる性質のものではない。にもかかわらず、『象徴』関係（象徴〝するもの〟と〝されるもの〟の関係）が法的に規定されることがあるのは、基本的には、この社会心理の醸成・維持を願望してのことである。……

日本国憲法が天皇を『日本国』『日本国民統合』の『象徴』とするのも、基本的にはこのような意味において理解される。ただ、ここで『象徴』とされるのは……人格であるため、その地位にある者に対して象徴的役割にふさわしい行動をとることの要請を随伴するものとみなければならず、また、そのような役割にふさわしい待遇がなされなければならないという規範的意味が存することも否定できないであろう」（『日本国憲法論』）

どちらの解釈がより用意周到で説得力をもつかは、おのずと明らかだろう。

とくに、長谷部・木村両氏の「事実命題」説の最大の欠陥は、憲法が「天皇」の地位について「日本国の象徴」と「日本国民統合の象徴」という明確な〝区別〟を設けている事実について、まったく解明できないどころか、その区別そのものについてすらほとんど無関心である点だ。

「多くの人々が天皇を見て」「日本国」と「日本国民統合」を別々に「思い起こす」なん

てことは、（それこそ憲法第一条を熟読し、正確に暗記している人を除いて）「社会心理上の事実」として、ほぼ百パーセント存在しないはずだ。この一点からも第一条が〝事実の記述〟でなく〝規範の提示〟であることは疑いがないだろう。

では、「日本国の象徴」と「日本国民統合の象徴」とは、具体的にどのように違うのか。

日本国の象徴と日本国民統合の象徴

これまで、憲法学の世界でも「日本国の象徴」と「日本国民統合の象徴」という〝二つの立場〟の違いについて、立ち入った解明はほとんどなされていないように見える。そうした中で、大原康男氏の以下のような説明は、大切な点に触れている。

「まず『日本国』は、空間的には四つの島を中心とした島嶼《とうしょ》的国土として、時間的には不可逆の固有の歴史をもつものとしてフィックスされた〈存在概念〉であるのに対し、『日本国民統合』は、時間の経過とともに刻一刻と変転し、流動する〈状態概念〉であることに注目せねばならない。〈存在〉を象徴する機能と、〈状態〉を象徴する機能はおのずから違うはずである。〈存在〉の象徴は静態《パッシブ》でもよかろうが、〈状態〉の象徴はさらに動態《アクティブ》が加味されなければ、その役割を十分に果たすことができないことは自明である」（『象徴天皇考』）

あたかも、上皇陛下のビデオメッセージ（平成二十八年八月八日）の一節と、そのままつながるかのような指摘だろう。上皇陛下はそこで〝動態〟的役割について、「次第に進む身体の衰えを考慮する時、これまでのように、全身全霊をもって象徴の務めを果たしていくことが、難しくなるのではないか」と案じておられた。

大原氏の言及を踏まえて、私なりの考え方を述べてみよう。

まず、近代における「国民国家《ネーション・ステート》」という概念を、「統治組織としての国家（ステート）」と「国民の統合体（ネーション）」とに区別する。「日本国の象徴」というのは、前者、「統治組織としての日本国家」の象徴と理解すべきだろう。一方、「日本国民統合の象徴」というのは「日本国民の統合体」の象徴に他ならないだろう。

では、「統治組織としての日本国家」の象徴はどのような役割を担うべきか。日本国家という統治組織が維持され、スムーズに運営される上で、最も〝上位〟の立場として欠かせない重要な「行為」に当たること。それが「日本国の象徴」という地位に要請される中身だろう。「統治組織」はおおむね〝静態〟的な構造なので、どのような「行為」が必要なのかは、あらかじめメニューとして憲法に書き込むことができる。

それが、憲法に掲げられている十三種類の「天皇の国事行為」だ。以下の通り。

①国会の指名にもとづき内閣総理大臣を任命する（第六条第一項）。
②内閣の指名にもとづき最高裁判所の長官を任命する（同条第二項）。
③憲法の改正、法律、政令、条約の公布（第七条第一号）。
④国会の召集（同条第二号）。
⑤衆議院の解散（同条第三号）。
⑥総選挙の公示（同条第四号）。
⑦国務大臣、法律に定めるその他の官吏の任免、全権委任状や大使・公使の信任状を認証する（同条第五号）。
⑧大赦・特赦、刑の執行の免除や復権（つまり恩赦）を認証する（同条第六号）。
⑨栄典の授与（同条第七号）。
⑩批准書、法律に定めるその他の外交文書（たとえば大使・公使の解任状）を認証する（同条第八号）。
⑪外国の大使・公使の接受（同条第九号）。
⑫儀式（たとえば即位の礼など。毎年恒例の行事では一月一日の新年祝賀の儀）を行う

（同条第十号）。

⑬国事行為の委任とその解除（第四条第二項）。

これらはいずれも、国家の維持・運営にとって不可欠な務めだろう。ヨーロッパの立憲君主国での君主の役割と重なる部分が多い事実も見逃せない（君塚直隆氏『立憲君主制の現在—日本人は「象徴天皇」を維持できるか』）。

これに対し、「国民の統合体」はまさに〝動態〟的であって、その「象徴」として求められる行為を憲法に事前に列挙することは、ほとんど不可能だろう。従って、こちらの具体的な「務め」のあり方については、天皇・皇室の当事者にほとんど委ねざるをえない。まさに、上皇陛下がビデオメッセージの中で「私は（憲法に規定された）国事行為を行うと共に、日本国憲法下で象徴と位置づけられた天皇の望ましい在り方を、日々模索しつつ過ごして来ました」とおっしゃったのは、このことを意味している。

憲法が「日本国民統合の象徴」という〝もう一つの〟立場を明記しながら、その立場で行うべき具体的な行為について、一切規定しなかったのは、憲法自体の欠陥というより、事柄の性質上、やむをえないことだった。

「日本国の象徴」たる天皇が行うべき国事行為が、「○○を行うべし」という、いわば〝ポジティブ・リスト〟方式で列挙されたのに対し、「日本国民統合の象徴」として行う「公的行為」（お務め）については、それとは違う「××をしてはならない」という〝ネガティブ・リスト〟方式にならざるをえなかった。

国民統合への務め

では、「国民統合の象徴」として行う〝公的行為〟を制限する条件とは何か。

その一は、国政上の権限に及んではならないということ。憲法第四条第一項に「天皇は、この憲法に定める国事に関する行為のみを行ひ、国政に関する権能を有しない」と規定しているからだ。

その二は、「象徴」という地位に相応しくない行為は避ける。これは、第一条が〝事実の記述〟（事実命題）ではなく、〝規範の提示〟（当為命題）だからこそ出てくる要請だ。

その三は、内閣の責任で行われるということ。これは、主権そのものを具現すべき立場にある「象徴天皇」に直接、行為の責任を負わせるのが適切でないことと、内閣の〝職務〟には当然、天皇の行為をお支えすることが含まれる（第七十三条）ためだ。

そのような三つの条件下で、天皇は〝国事行為〟以外の行為も行うことによって、「国民統合の象徴」としての役割を果たすことができる。というのが、他ならぬ上皇陛下ご自身のお考えだったと拝察できる。

まず、国事行為には原則として、国民との直接的な〝接点〟はない。ほとんど唯一の例外は、国事行為としての「儀式」の中で、平成のご即位に伴う一連の行事の中に、新しく「祝賀御列《しゅくがおんれつ》の儀」が加えられたことだ（鎌田純一氏『即位禮・大嘗祭　平成大禮要話』）。今上《きんじょう》陛下の令和のご即位の際にも、もちろん行われた。この時には沿道に多くの国民が出て、直接、お祝いの気持ちを表した。その国民の祝意に包まれて、オープンカーの皇后陛下が涙ぐまれたような場面もあった。しかし、これは国事行為の中では例外だ。

そのような、国民との接点がない国事行為だけを行っていても、「国民統合の象徴」の役割を十分に果たすことはできない。そこで、上皇陛下は〝国民に寄り添う〟ための行為を、自覚的に追求してこられたように拝される。

毎年行われる「全国植樹祭」「国民体育大会」「全国豊かな海づくり大会」などへのお出ましはもちろん、大規模な自然災害が起きると、なるべく早いタイミングで現地にお入りになり、地元の人々に大きな慰めや励ましのメッセージを、ご自身の「行動」によって示し続けられた。あるいは、昭和時代の歴史への責任感から、懸命に「慰霊の旅」を続けられた。さらに、国内のハンセン病療養所のすべて、十四カ所の入所者の人々と直接お会いになって、手を握り、これまでの苦しみをねぎらってこられた。

これらはどれも、上皇陛下にとって法的な義務としてなされたことではない。そうではなく、「国民統合の象徴」の役割とは何か、その立場に相応しく振る舞うためにはどうすべきかという、まさに憲法の規範的要請に主体的・能動的に応えて、ご自身の「自由」な意思によってなされたものばかりだ。もし第一条が「事実命題」なら、それらのご努力はすべて、憲法上はまったく無用だったことになろう。

そうした「国民統合の象徴」としてのご努力のつみ重ねの一つの結果が、上皇陛下が「象徴天皇の務め」をつつがなく次代にバトンタッチするためにご譲位を望むお気持ちを、前述のビデオメッセージで表明された際に、直ちに圧倒的多数の国民がそれを受け入れたという事実だったろう。平成二十八年八月八日のビデオメッセージ後、ご譲位への賛否をめぐる世論調査の結果は、次の通りだった。

読売新聞（同年八月九日・十日調査）――賛成八一％、反対一〇％。

日本経済新聞（同月九日〜十一日調査）――賛成八九％、反対四％。
ＡＮＮ（同月十三日・十四日調査）――賛成八九％、反対五％。
ＮＮＮ（同月十九日〜二十一日調査）――賛成九四・三％、反対二・八％。
毎日新聞（九月三日・四日調査）――賛成八四％、反対四％。
朝日新聞（同月十日・十一日調査）――賛成九四・八％、反対三・八％。

賛成と反対の比率の違いの大きさに驚く。制度上、これまで認められてこなかった〝斬新な〟提案について、もとより事前のアピールやキャンペーンなども皆無な中で、ここまで圧倒的多数の賛成を、しかも瞬時にして獲得できるような事態を、他のケースで想像できるだろうか。その統合力・求心力の卓越ぶりはどうか。まさに「日本国民統合の象徴」とはこのような存在以外には考えられないと、国内の多くの人々が（あるいは事実を知った海外の一部の人々も）改めて実感させられた場面ではなかったか。

「国民統合の象徴であるに相応しく行動すべし」という、〝生身の人間〟には苛酷な憲法の規範的要請に対して、上皇陛下が長年にわたり「全身全霊」でお応えになった結果、国民の側も自覚しないまま、「そのような役割にふさわしい待遇がなされなければならない」（佐藤氏）という規範的要請に従った形になったと言える。

やはり第一条は「事実」ではなく、「規範」であった。その「規範」に忠実な行為の積み重ねが、「国民統合の象徴」という、ほとんど奇蹟のような「事実」を生み出しているのだ。

皇位の世襲は憲法の要請

憲法は「天皇」という存在を前提として、国家の全体秩序を構想している。畏れ多いが、天皇という存在がもし失われれば、行政のトップである内閣総理大臣も、司法のトップである最高裁長官も「任命」されなくなる。国民の代表機関である国会も「召集」されなくなるし、憲法改正や法律・政令なども「公布」されなくなる等々。国家の統治機能はほぼ全面的にマヒしてしまうのだ。

だから当然、その地位がつつがなく「世襲」によって継承されることを、大前提として〝要請〟している（第二条）。ところが憲法は、皇位の世襲「継承」の具体的なあり方については、皇室典範の規定に従うべきことも要請している。つまり、皇位継承をめぐる憲法の要請は次の二点。

一　皇位のつつがない世襲継承。
二　その継承が皇室典範のルールに従うこと。

しかるに現状では、一と二が矛盾している。すでに第一章で指摘したように、皇室典範それ自体が「構造的」な欠陥をかかえてしまっているからだ。

もともと、正妻以外の女性（側室）のお子様（非嫡出子）やその系統（非嫡系）であっても、その皇位継承資格を認めることを前提として、明治の皇室典範で〝新しく〟設けられた「男系の男子」という皇位継承上の制約を、一方では前提条件を厳しく排除しながら（皇室典範第六条）、そのまま維持していることだ。

第三章で振り返ったように、女性天皇はむしろ「日本らしさ」の表れとして十代・お八方もおられた。女系天皇も「継嗣令《けいしりょう》」の規定では否定されていなかったし、同時代の基本法だった同令の〝定義〟に従えば、「女系天皇」も過去に実在していた。今の典範は当初から制度設計上の欠陥をかかえ、しかもわが国本来の「女性尊重―双系主義」の伝統からかけ離れたルールになっている。

その結果、憲法上の要請にもそむいていることになる。

従って、憲法の要請に応えるためにも、皇室典範の改正は不可欠だ。

ところが一部に、憲法の「世襲」は〝男系〟継承を意味するので、「男系の男子」を解除する典範改正は憲法違反だという主張がある（百地章氏ほか）。

しかし、これは無理な意見だろう。

帝国憲法には次のような条文があった（第二条）。

皇位ハ皇室典範ノ定ムル所ニ依《よ》リ皇男子孫之《これ》ヲ継承ス

この条文なら「皇男子孫」とあるので、憲法そのものが〝男系〟継承を要請していることになる。ところが、今の憲法は「皇男子孫」という限定をあえて外して、「世襲」という表現に改めている。従って、憲法が求めているのは、「天皇のご血統」（皇統）による継承であって、皇統における男系・女系の規定の仕方については、附属法である皇室典範に委ねられているのだ。この点については、政府自身がこれまでも繰り返し表明している（たとえば、令和三年六月二日の衆院内閣委員会での加藤勝信官房長官の答弁など）。

ここでは内閣法制局の見解を紹介しておく。

「憲法第二条は、皇位が世襲であることのみを定め、それ以外の皇位継承に係ることについては、全て法律たる皇室典範の定めるところによることとしている。同条の『皇位は、世襲のものであつて』とは、天皇の血統につながる者のみが皇位を継承することを意味し、皇位継承権者の男系女系の別又は男性女性の別については、規定していないものと解される。

したがって、皇位を世襲とする限り、憲法を改正しなくても、女系又は女性の皇族が皇位を継承することを可能にする制度に改めることができる」（内閣法制局　執務資料『憲法関係答弁例集(2)』）

ここに「天皇の血統」とあるのは、もとより〝皇統〟のことであって、政府は、皇統には「男系女系」が共に含まれうる、という立場であることが分かる。

皇位継承の最上位の観念は「皇統」に他ならない。今の典範は、先に述べたように制度上の前提条件を自ら排除しつつ、皇統の「男系」にのみ継承資格を認める、無理なルールになっている。しかし、そのルールでは皇位継承が行き詰まることが明らかなのだから、皇統の「女系」にも皇位継承を認めなければならない。もし本気で皇位継承の安定化を目指すのであれば、それ以外の道はない。

第二章で見た選択肢で言えば、①女性天皇、②女系天皇、③女性宮家の〝セット〟だ。

王朝交替とは何か

なお、念のために付け加えておこう。一部に「女系天皇」が現れると〝王朝交替〟が起こると言い張っている人がいる。しかし、王朝とは一般に「同じ君主の家柄に属する君主の系列」というほどの意味に使われる語だ。同じ皇統による継承である限り、シナ流の「男尊女卑―男系絶対」の先入観を前提にしなければ、王朝交替にはならないはずだ。

現に、オランダ王家の場合を見れば、今のウィレム＝アレクサンダー国王の前は、三代続いて女王だった。ウィルヘルミナ女王↓ユリアナ女王↓ベアトリクス女王という継承順序で、もちろん「女系」継承だ。しかし、そのことによってオランニェ＝ナッサウ家が断絶したわけではない。「同じ君主の家柄に属する君主の系列」、つまり王朝には断絶も交替もないという事実がある。

その一方で、すでに王朝が廃絶したフランスの場合はどうだったか。まさに〝王朝交替〟の繰り返しだった。

カロリング王朝（七五一年〜九八七年）の第六代・ウード、第八代・ロベール一世（ウードの弟）はロベール家の出自であり、第九代・ラウールはロベール一世とは血のつながらない義理の息子（出自は領邦諸侯のホゾン家）だった。ロベール家はもちろん、カロリング王朝との血のつながりはない（ホゾン家も）。

カロリング王朝が途絶えた後、カペー王朝（九八七年〜一三二八年）に交替した。この王朝はロベール家に連なる。

そのカペー王朝の次のヴァロア王朝（一三二八年〜一五八九年）の初代・フィリップ六世は、カペー王朝の第十代・フィリップ三世（国王の代数としては六代前にさかのぼる）の孫だから、当然、「男系」の血筋ではつながっている。にもかかわらず、ここで王朝が交替した。

さらに、その次のブルボン王朝（一五八九年〜一七九二年）も、初代のアンリ四世は、カペー王朝の九代・ルイ九世の十世の孫だった。だから男系の血筋では、カペー王朝ともヴァロア王朝ともつながっている。しかし、その血縁の遠さ故に、王朝の交替を避けられなかった。

しかし、アンリ四世の〝十世〟という血縁は、わが国のいわゆる旧宮家系の男性子孫が二十世以上も離れているのに比べると、はるかに近い。しかも、旧宮家が皇族の身分を離れて一般国民になったのとは違い、王族の立場を失ったわけではなかった。それでも王朝交替と見られているのだ。

日本でも、畏れ多いが、かりに「男系」の血筋を引く平将門《たいらのまさかど》が皇位につき、その系統の人物が地位を受け継げば、誰しも王朝の交替と見るだろう。「男系」による継承でも、その血縁が遠ければ王朝交替と見られるのは避けられない。

かつてある雑誌の座談会で、保守系の学者から旧宮家系男性の血縁の遠さについて尋ねられたことがある。「二十世以上です」と答えると、「ああ、そんなに遠いのなら、もし皇位がそちらの血筋に渡れば、それはもう王朝交替ですね」という感想が返ってきたのを思い出す。

しかも、旧宮家系の源流である伏見宮家の血統をめぐり、山城国西陣の鍛冶屋《かじや》の丁稚《でっち》で「長九郎」と名乗っていた人物を第十三代当主貞致《さだゆき》親王として迎え入れた史実について（『伏見宮実録』）、当時の京都所司代の血統の判定を「どこまで信じるか」という、重大かつ見逃されがちな問題提起もなされている（倉山満氏『日本一やさしい天皇の講座』）。

それはともかく、目の前にある「選択肢」のうち、女性天皇・女系天皇・女性宮家をセットで可能にすることは、第三章で歴史を振り返り、「女性尊重―双系主義」というわが国本来の伝統を〝再発見〟した地点に立って言えば、唯一の妥当な方策という結論になる。

そもそも現代の世界で、君主の地位の継承資格を「男系の男子」に限定している国は、「一夫多妻」を認めているヨルダンやサウジアラビア、さらに人口わずか四万人ほどの〝ミニ国家〟リヒテンシュタインくらいしかないことも、念のために付言しておく。

では、女性・女系天皇、女性宮家をセットで可能にするために、皇室典範をどのように改正すればよいのか。皇位の安定継承を目指す典範改正の全体像について、その具体的な条文案を掲げながら、次章で明らかにする。

第五章　これが正解！皇室典範改正案

現在の無理な皇位継承のルール

皇位の安定継承を目指すためには、皇室典範の改正がどうしても必要だ。皇位の「世襲」継承については、「皇室典範」に従うべきことを、憲法（第二条）が要請しているからだ。

この章では、典範改正はどうあるべきかについて、すべての関連部分にわたって条文の改正案を示しながら、方向性を見極めたい。

しかし、皇室典範自体が全体としてどのような構成・内容になっているのか。そのアウトラインをつかんだ上でなければ、理解しにくいだろう。よって、まず典範の全体について、ごく簡略に説明しておくことにする。

第一章（第一条〜第四条）では「皇位継承」について定める。皇位の継承資格は、「皇統に属する男系の男子」（第一条）で、かつ現に「皇族」であられる方に限られる（第二条）。皇室の血筋につながらない人はもちろん、つながっていても、皇族の身分（皇籍）からすでに離れた方やその子孫には、継承資格が認められないということだ。

本書の第三章で見たように、少し意外かも知れないが、前近代では「男系の男子」という縛りはなかった。歴史上は、女性天皇も女系天皇も実在したのだ。しかし、明治の典範が側室―非嫡出子（非嫡系）による継承可能性とセットで、「男系の男子」という〝狭い〟継承条件を新しく設けた。今の典範では、その前提を排除しつつ、窮屈な限定条件だけを、そのまま踏襲してしまった。

　皇位の継承順序は、旧典範と同じく「直系」優先だ。その上で、天皇が亡くなられた時だけ「皇嗣」が即位するルールになっていた（第四条）。これに対し、「天皇の退位等に関する皇室典範特例法」が成立した（平成二十九年六月）。その結果、①天皇のお気持ちを踏まえ（同法第一条）、②皇嗣がすでに成年に達していれば（同条）、③皇室会議の関与のもとに（附則第一条第二項）、ご譲位が可能になる「前例」が開かれた。

　第二章（第五条～第十五条）は「皇族」について。その範囲は次の通り（第五条）。皇后（天皇の妻）、太皇太后《たいこうたいごう》（亡くなった二代前の天皇の皇后）、皇太后《こうたいごう》（亡くなった先代の天皇の皇后）、親王（天皇の子か孫の男性）、親王妃《ひ》（親王の妻）、内親王（天皇の子か孫の女性）、王（天皇のひ孫以下の子孫の男性）、王妃（王の妻）、女王（天皇のひ孫以下の子孫の女性）。

　さらに、先の特例法によって「上皇」（譲位された先代の天皇）と「上皇后」（譲位された先代の天皇の妻）が加わった。上皇の「身分に関する事項の登録」などは天皇の例による（同法第三条第三項）。上皇后はすべて皇太后の例による（同法第四条第二項）。

時おり誤解されているようだが、天皇ご自身は皇族ではない。皇族とは、天皇のご一族のことだからだ。

これらの方々の中で、皇嗣が〝その時〟の天皇の子（皇子）なら「皇太子」、孫であれば「皇太孫」と呼ぶ（典範第八条）。これは〝直系の皇嗣〟を傍系の皇嗣と区別するためだ。

今は秋篠宮《あきしののみや》殿下が「皇嗣」でいらっしゃる。しかし、〝傍系〟の皇嗣なので「皇太子」に類した称号（たとえば皇太弟）はおもちではない（特例法制定の際、ご自身がその種の称号を内々に辞退されたとも伝わる）。その上、傍系の宮家としての「秋篠宮」という宮《みや》号《ごう》は、引き続き保持されている。

天皇や男性皇族など〝皇位継承資格者〟が結婚された場合は、そのご結婚相手が国民の女性でも、新しく皇族の身分を取得されることになる。そのため、あらかじめ皇室会議の議決を必要とする（第十条）。皇室会議については、第五章で詳しく規定されているので、そちらで述べる。

制度上は、皇后以外については離婚の可能性も想定されている。その場合、婚姻関係が解消されると、ご結婚相手は皇族の身分を失うことになる（第十四条第三項）。

ちなみに、天皇も皇族も「養子」は認められない（第九条）。だから、前述のように国民が皇族の身分を与えられるのは、皇位継承資格者と結婚する場合に限られる。

今の典範のルールでは、女性（内親王・女王）の場合は、ご結婚と共に一律に皇族の身分を離れられることになる（第十二条）。このルールが維持されていれば、内廷におられる敬宮《としのみや》（愛子内親王）殿下をはじめ、秋篠宮家のお二方の内親王（眞子《まこ》殿下と佳子《かこ》殿下）、三笠《みかさ》宮家のお二方の女王（彬子《あきこ》殿下と瑶子《ようこ》殿下）、高円《たかまど》宮家のお一方の女王（承子《つぐこ》殿下）も、皆さまご結婚と共に皇室を去られることになる。

そうすると、天皇陛下の次の世代の皇族は秋篠宮家のご長男、悠仁《ひさひと》殿下ただお一方だけになる。

「陛下」か「殿下」か

第三章（第十六条～第二十一条）は「摂政」に関する規定だ。摂政は「天皇の名でその国事に関する行為を行ふ」ことが憲法に規定されている（第五条）。さらに、憲法第九十九条には次のような条文もある。

「天皇又は摂政及び国務大臣、国会議員、裁判官その他の公務員は、この憲法を尊重し擁護する義務を負ふ」

この規定は、憲法を「尊重し擁護」する義務を〝統治される側の国民〟ではなく、〝統治する側〟に負わせている。その〝統治する側〟は二つに分けられている。それが「天皇又は摂政」と「国務大臣……その他の公務員」だ。「天皇又は摂政」が国務大臣以下より先に書かれているのは、憲法が構想する国家秩序の中で、より重要な役割を求められているからに他ならない。天皇はもとより、その国事行為を全面的に代行する「摂政」の重大さを見落としてはならない。

その摂政を置く場合の条件は二つ（典範第十六条）。一つは、天皇が未成年である場合（同条第一項）。もう一つは、心身の重患や重大な事故のために、国事行為をご自身で行えなくなった時（同条第二項）だ。

その際は、天皇ご本人の意思にかかわりなく、もっぱら皇室会議の議決だけで摂政の設置を決める。通常ならとてもありえない非礼な手順と言うべきだ。しかし、摂政を設けるのは、天皇に当事者としての能力が事実上、失われた時に限ってのことだ。よってこのような手順になっている。

先年、上皇陛下がご譲位を望まれた時、一部の保守系知識人らが摂政の設置を公然と唱えたことがあった。これは上皇陛下に対して「当事者能力なし！」との烙印《らくいん》を押したに等しい。不敬この上ない発言であることに、彼らは気づいていたのだろうか。それとも摂政制度の趣旨をきちんと理解できていなかったのか。

第四章（第二十二条～第二十七条）にはさまざまな規定が盛り込まれている。

具体的には、天皇・皇太子・皇太孫の成年を十八歳とする（第二十二条。傍系の皇嗣は二十歳）。天皇・皇后などの敬称は「陛下」、それ以外の皇族は「殿下」であること（第二十三条）。皇位の継承に伴い「即位の礼」を行い（第二十四条）、崩御《ほうぎょ》されたら「大喪《たいそう》の礼」を行うこと（第二十五条）。天皇・皇族の身分についての事項は皇統譜に登録すること（第二十六条）。天皇・皇后などを葬るところを「陵《りよう》」、他の皇族は「墓《ぼ》」とすること（第二十七条）を定めている。

第五章（第二十八条～第三十七条）は「皇室会議」について定める。

構成メンバーは皇族二人、衆参両院正副議長、内閣総理大臣、宮内庁長官、最高裁長官、同判事の十名（第二十八条第二項）。皇族の代表に加えて、「三権の長」らが一堂に会する唯一の国家機関だ。

同会議では、皇位継承順序の変更（第三条）、成年天皇への摂政の設置（第十六条第二項。未成年の場合には皇室会議の関与はない。同条第一項）とその就任順序の変更（第十八条）、廃止（第二十条）などはとくに重要な案件なので、十名の議員の三分の二以上、それ以外のご結婚（第十条）、皇族身分の離脱（第十一条・第十三条・第十四条第二項）は過半数で議決する（第三十五条第一項）。

なお特例法では、上皇が皇位継承資格をお持ちでないのはもちろんながら、皇室会議のメンバーに加わられないことが決められている（第三条第四項）。

一部に、皇室会議メンバーの国家機関としての重厚さに注目し、皇室をめぐるさまざまな課題をこの場で検討してはどうか、との提案を見かける。しかし、同会議は「この法律及び他の法律に基く権限のみを行う」（第三十七条）という制限がある。従って、もし典範や特例法にある以外に「権限」を広げたいのであれば、新たな立法措置が必要だ。しかも、「象徴」である天皇のご一族の皇族の代表者もメンバーなので、憲法上の制約があることに留意すべきだ（これも、第一条が「事実命題」ではなく、〝規範の提示〟だからこそ）。

歴史上最も窮屈な継承の〝縛り〟

　では、以上のような典範そのものの全体的理解を踏まえて、皇位の安定継承に向けた条文改正案を提示していきたい。これこそが、特例法の附帯決議に対する真正面からの「回答」である、とひそかに自負している。

「女性尊重―双系主義」というわが国本来の伝統を踏まえ、（一部のかたくななシナ流の「男尊女卑―男系絶対」に固執する反対派を除き）できるだけ多くの国民に受け入れられ、しかも制度としての整合性・安定性を確保できる内容を心がけたつもりだ。

　具体的には、①女性天皇、②女系天皇、③女性宮家をセットで可能にする改正案だ。

　まず、現行の第一条（皇位継承資格）は次の通り。

「皇位は、皇統に属する男系の男子が、これを継承する」

　ここでは、皇位継承資格を〝三重〟に制限している。

（一）皇統に属する
（二）男系の
（三）男子

――という具合だ。

まず注意すべきは、（一）皇統と（二）男系が〝別の概念〟とされていることだ。皇統イコール男系ではない、ということ。これは右の条文を先入観なしに読めば、誰もが素直に納得できるはずだ。

ただし、旧典範の条文では「皇統ニシテ男系」という、いささか微妙な言い回しになっていた。これについて、少なくとも立法者の意図としては、皇統イコール男系だったことが、旧典範の制定過程で草案を枢密院で審議した時の伊藤博文の発言（明治二十一年五月二十八日）を根拠として指摘されている（新田均氏『別冊正論 Extra.14』）。

しかし、立法後の法解釈が〝立法者意図〟によって全面的に拘束されないことはもちろんだ。その上、旧典範に対応する帝国憲法に「皇男子孫」（第二条）と限定していたのを、今の憲法ではあえて「世襲」（第二条）という広い概念に変更している。今の典範の条文自体も、「皇統に属する男系」という表現だから、「皇統」と「男系」が別の概念であることは明らかだ。つまり、〝皇統〟がより上位の包括的概念で、〝男系〟はその広い概念（つまり女系も含む）を限定した概念、という関係にある。

これは私の勝手な解釈ではない。「世襲」（＝皇統による継承）に〝女系〟も含みうるという、政府がこれまで繰り返し表明してきた見解に他ならない。

少し先回りになるが、典範はこの他にも、さらに二重の〝縛り〟を設けている。それは次の二つだ。

（四）皇族（第二条）

（五）嫡出・嫡系（第六条）

このように、典範は皇位継承資格について、（一）皇統、（二）男系、（三）男子、（四）皇族、（五）嫡出・嫡系――という五重の制限を設けている。日本の歴史上、皇位の継承資格をここまで狭く、窮屈に縛り上げたことはかつてない。この異常なまでに窮屈な皇位継承資格の縛りこそ、皇位の安定継承を「構造的」に阻んでいる元凶だ。

従って、皇室典範の改正に当たっては、この制約を緩和することが是非とも必要だ。以上の五つの制約条件のうち、はたしてどれを除外すべきか。

（一）皇統は歴史的にはもちろん、憲法上も外せない絶対条件だ。これを外せば、もはや「世襲」ではなくなってしまう。国民も当然、誰も認めないだろう。

次に（四）皇族も外せない。「皇統に属する男系の男子」だからといって、源頼朝《みなもとのよりとも》や足利尊氏《あしかがたかうじ》の子孫など、国民男性の多くが皇位継承資格を持つことなど、到底、認められない。皇室の尊厳、その「聖域」性を守るために、皇室と国民の〝区別〟は厳格に設けられねばならない。皇族でない人には皇位継承資格は当然、認められない。

さらに、（五）嫡出・嫡系も同様だろう。典範では〝嫡出・嫡系〟のみを「皇族」の条件としている。これも外せないだろう。

ごく稀《まれ》に、皇室には側室を認めてもよいのではないか、という声を耳にする。しかし、大正天皇以来、制度上は非嫡出子（非嫡系）の皇位継承資格が認められていた旧典範の時代でも、皇室ご自身が側室を除外してこられた事実がある。そのことについて、今後、予想しうる将来においても、事情は大きく変わらないだろう。又、側室の復活を圧倒的多数の国民が歓迎するとも思えない。何より、皇室に相応《ふさわ》しい女性が何人も側室としての人生を自ら選ぶということが、長く将来にわたって〝安定的〟に続くことも想像しがたい。逆に、もしそのような制度が導入されたら、正妻（皇后・親王妃など）として皇室に入ろうとする女性が現れなくなってしまうのではないか。

よって（一）～（五）のうち、（二）（四）（五）はどうしても外せないだろう。

「万世一系」の皇統とは？

そのように考えると、結局、緩和することが可能な条件として残るのは、（二）男系と（三）男子の二つだけになる。

そもそも、「国民統合の象徴」である天皇になれるのが〝男性〟に限られるというのは、「男尊女卑」の考え方を取り除いた場合、ずいぶん奇妙な制度設計ではあるまいか。何しろ国民の半数は女性なのだから。しかも、明治の典範で新しく「男系の男子」という縛りが導入されるまで、第三章で見たような「女性天皇」の歴史があったのだから。

とくに、古代の推古天皇や持統天皇などの輝かしいご事績は、シナ文明の「男尊女卑―男系主義」とは明確に一線を画した、日本文明の自立性を示すものだった。各種の世論調査の結果、多くの国民が女性天皇に賛成しているのは、わが国本来の伝統に照らして、まことに健全な姿勢と言えよう。

（三）男子という縛りをこれ以上、皇位継承の安定化を犠牲にしてまで維持し続けるべき客観的な根拠は、もはやどこにもないだろう。

では、（二）男系はどうか。

一部には、「女系天皇」が即位したあかつきには、〝万世一系《ばんせいいっけい》〟の皇統そのものが断絶し、王朝交替が起こると本気で信じ、強い拒絶反応を示す人がいる。「産経新聞」などは、いつの間にかすっかりそのような論調に染まってしまったようだ。シナ流「男尊女卑—男系絶対」の観念の影響が、いかに深刻で根強いかを感じさせるエピソードの一つだろう。

「万世一系」というのは、過去・現在・未来を貫いて、皇位は同じ皇統で継承されるべきであるという〝規範〟を示す語だ。帝国憲法の第一条に採用されたので、「天皇」という言葉から直ちに連想される、戦前ではよく知られた語だった。ちょうど、今の憲法の第一条にある「象徴」という言葉がポピュラーなのと同じような感じだろうか。

今でも一部に好んで使う人がいるものの、用例としては慶応三年（一八六七年）十月の岩倉具視《いわくらともみ》の「王政復古議」に出てくるのが最初らしい（阪本是丸氏「明治以降神社祭祀制度について」）。おそらく岩倉の造語だろう。

その岩倉や伊藤博文らにとって、新造語としての「万世一系」は、当時の時代背景から考えて、あるいは〝男系〟一系を意味したかも知れない。江戸時代の男尊女卑の考え方がまだ払拭《ふつしよく》されておらず、文化人類学の研究成果を踏まえた「双系（双方）」制についての知識もなかったからだ。

しかし、「万世一系」をもし旧時代的な限定を超えた、本来の語義によって使おうとするならば、「女系天皇」も皇統そのものの断絶を招くのでない以上、とくにその理念と衝突するとは考えられない。

リベラル系の憲法学者の奥平康弘氏が、女性天皇・女系天皇について「そんな『万世一系』から外れた制度を容認する施策は、いかなる『伝統的』根拠も持ち得ない」（『世界』平成十六年八月号）と指摘されたのは、近年の歴史学的知見からは、とんだ見当外れと言わざるをえない。

ところが、保守系の男系限定維持派が、その発言を〝金科玉条《きんかぎょくじょう》〟のように扱っているのを、時おり、見かける。まことに不可解だ。何しろ、側室不在・非嫡出排除の条件下で、女性・女系天皇を拒否し続ければ、やがて皇位の継承そのものが行き詰まるのは、避けがたい。だから、反天皇勢力からすると、まさに彼らの思うつぼにはまり込んでくれているのは、大歓迎だろう。

この点については、次のような指摘に耳を傾けるべきではあるまいか。

「『男系・女系』なる語も明治十年代半ばまで使用されず、専ら欧州国憲（憲法）中の訳語『男統・女統』が用ゐられた。これらは前近代には『皇統』を論ずる文脈で使はれてをらず、欧州輸入的な概念の色彩が濃い」（神社新報編輯部『皇室典範改正問題と神道人の課題』）

ともあれ、皇統には「女系」も含みうる以上、（二）男系についても、除外してさしつかえがないだろう。と言うより、除外しなければ、第二章でも触れた通り、一代限りの女性天皇だけを認めるにとどまって、決して皇位の安定継承にはつながらない。

かくて、皇室典範第一条の改正案は次のようになる（傍線部が改正箇所、以下同じ）。

> 第一条
> 皇位は、皇統に属する子孫が、これを継承する。

これで、女性・女系天皇、女性宮家を可能にする、基礎が整う。

改正後の継承順位第一位は？

第二条は「継承の順序」。

もちろん、「直系」優先の順序だ。第一条の改正によって女性皇族にも皇位継承資格が認められたのに伴って、わずかに改正が必要な部分がある。それは継承者を天皇のご兄弟（皇兄弟）とオジ（皇伯叔父）に限定しているところだ（第一項第六号・第七号）。そこを改正した場合、継承の順序は次のようになる。まず第一項の規定するところから（傍点部分が改正による追加）。

第一号、天皇の第一子（皇長子）↓
第二号、第一子の第一子（皇長孫）↓
第三号、第一子のその他の子孫↓
第四号、天皇の第二子（皇次子）とその子孫↓
第五号、天皇のその他の子孫（皇子孫）↓
第六号、天皇のご兄弟姉妹（皇兄弟姉妹）とその子孫↓
第七号、天皇のオジ・オバ（皇伯叔父母）とその子孫↓

第二項の現行条文では、「それ以上で、最近親の系統の皇族」とする。第三項では、どの場合でも年上の系統（長系）を優先し、同じ系統（右の改正を踏まえると、兄弟姉妹）の中では年上の方（長）を優先することを定める。これら両項の条文自体は、改正の必要がない。

　さて、第一条を改正した上で、ほとんど骨格を残した第二条の継承順序を、現在の皇室に当てはめるとどうなるか。当然ながら今の継承順序に変更をもたらす。

　今のルールのままだと、皇位継承順位の第一位（皇嗣）は天皇陛下と同じ世代の秋篠宮殿下（典範第二条の第一項〝第六号〟に該当）。しかし、ご年齢から考えて実際のご即位には無理が伴うし、ご自身も辞退の可能性を示唆されたとの報道があったことは、すでに述べた。

改正後は、〝第一号〟（皇長子）に該当される敬宮（愛子内親王）殿下が皇位継承順位第一位になられる。さらに、敬宮殿下が将来、ご結婚の上、お子様に恵まれられると、そのお子様の性別とは関係なく、そのお子様（皇長孫＝第二号）が次の継承者になられる。現在の天皇・皇后両陛下の「直系」のご子孫によって、つつがなく皇位が継承されていくことになるのだ。

ここで一つ、注意を喚起しておくと、皇位の継承は「A殿下とB殿下のどちらが相応しいか」という〝属人〟（人を基本にして考えること）的な発想は禁物だ。当事者の皇族に非礼というだけでなく、国内に有害な〝分断〟を持ち込みかねず、「国民統合の象徴」であられる天皇の地位の継承に相応しくない。又、皇位の安定継承にも障害になるだろう。

あくまでも、歴史と伝統に照らして妥当で、多くの国民に受け入れられやすく、かつ制度として持続可能性が高い〝ルール〟を探究し、そのルールに従って継承されることが望ましい。

本書で導き出したそのルールに従うと、結果として「皇長子」（第一号）の敬宮殿下が第一位になられるということだ。

そうすると、敬宮殿下は「皇嗣たる皇子」ということになるので、「皇太子」と称される（第八条）。

又、皇位継承資格者も増える。現在は次のお三方だけ。

秋篠宮殿下

悠仁親王殿下

常陸宮《ひたちのみや》殿下

天皇陛下の〝次の世代〟は悠仁親王殿下お一方のみだ。

これに対し、次のように大幅に増える。

敬宮殿下

秋篠宮殿下

眞子内親王殿下

佳子内親王殿下

悠仁親王殿下

常陸宮殿下
彬子女王殿下
瑶子女王殿下
承子女王殿下

天皇陛下の次の世代の方だけでもお三方増えることになる（彬子女王殿下方は、世代としては天皇陛下と同じ）。皇位継承の将来的な展望も、格段に安定性が高まることになる。

第二条の改正案は次の通り。

第二条
1　皇位は、左の順序により、皇族に、これを伝える。
一　皇長子
二　皇長孫
三　その他の皇長子の子孫
四　皇次子及びその子孫
五　その他の皇子孫

六　皇兄弟姉妹及びその子孫
七　皇伯叔父母及びその子孫
2　前項各号の皇族がないときは、皇位は、それ以上で、最近親の系統の皇族に、これを伝える。
3　前二項の場合においては、長系を先にし、同等内では、長を先にする。

日本らしい女性皇太子

第三条・第四条には改正の必要がない。

第五条は〝皇族の範囲〟についての規定なので、当然、改正が必要だ。

これまでは、男性天皇や親王・王、さらにその配偶者などは含まれていても、女性天皇や内親王・女王の配偶者は予想していない。よって、これを追加しなければならない。

その際、一つ留意すべきことがある。それは、現在の制度において「天皇」の配偶者と親王・王の配偶者との間に、称号としてランクを設けていることだ。男性天皇の配偶者は「皇后」。これに対し、親王・王の配偶者は「親王妃」「王妃」だ。同じ〝おキサキ〟であっても、「后」と「妃」を使いわけている。ならば、女性天皇や内親王・女王の配偶者についても、同様の配慮が必要だろう。

しかし、どのような称号が適切であるかについては、漢字の知識が豊富なその方面の専門家の知恵を借りなければならない。ここではとりあえず、女性天皇の配偶者を「皇婿（こうせい）」とし、内親王・女王の配偶者については、それぞれ「内親王配（はい）」「女王配」という形で区別しておく。

条文の改正案は次の通り。

> 第五条
> 皇后、皇婿、太皇太后、太皇太婿、皇太后、皇太婿、親王、親王妃、内親王、内親王配、王、王妃、女王及び女王配を皇族とする。

右の条文案では、もともと「及び」の位置が「王妃」の後にあったのを、「女王配」を追加したために「女王」の後に移動している。こまかいことながら、そのことを付言しておく。

第六条は「親王」「内親王」「王」「女王」についての規定だ。現行条文では「男系」に限定している。よって、そこの改正が必要になる（嫡男系→嫡系）。

改正案は次の通り。

> 第六条
> 嫡出の皇子及び嫡系嫡出の皇孫は、男を親王、女を内親王とし、三世以下の嫡系嫡出の子孫は、男を王、女を女王とする。

「皇子」という語は、男性だけを限定的に意味する使い方もある。しかし、典範では男女共に含む概念として用いられている。〝男系〟の限定は除外しても、先に検討したように、制約条件の（五）嫡出・嫡系は外せない。つまり、非嫡出の系統には、皇位継承資格も皇族の身分も認められない。なので、右のような条文になる。

　第七条は、天皇からの血縁が「三世以下」という遠さだった方が即位された場合、その兄弟姉妹は「王」「女王」と呼ばれていたのを改めて、「親王」「内親王」と称することを定めている。天皇ご本人の兄弟姉妹になられるわけだから、これは当然の配慮だろう。しかし、現行条文はもちろん「王」しか予想していない。そこで「女王」も追加しなければならない。次のような改正案になる。

> 第七条
> 王又は女王が皇位を継承したときは、その兄弟姉妹たる王及び女王は、特にこれを親王及び内親王とする。

第八条の現行条文はこれまでも触れてきたが、次の通り。

「皇嗣たる皇子を皇太子という。皇太子のないときは、皇嗣たる皇孫を皇太孫《こうたいそん》という」

先にも述べたように、典範の「皇子」はもともと男女共含まれる。よって改正の必要はない。

古代の女性天皇、孝謙天皇が「皇太子」とされていた（『続日本紀《しょくにほんぎ》』）。だが、「男尊女卑—男系絶対」のシナでは、女性が「皇太子」を名乗ることはありえない。シナ史上でただ一人の女性皇帝になった則天大聖皇帝（則天武后）の孫に当たる女性（安楽公主《あんらくこうしゅ》）が自ら「皇太女《こうたいじょ》」になろうとして実現しなかった事例がある（『旧唐書《くとうじょ》』）。この場合も、あくまでも「皇太女」であって、「皇太子」ではなかった。

　しかし、わが国の場合は、今の典範の条文のままで〝女性皇太子〟は可能になる。

女性皇族のご結婚と皇室会議

　第九条は、天皇と皇族に養子縁組を禁じている。国民からの養子はもちろんありえない。「皇統に属する男系の男子」であっても、皇室の尊厳、その「聖域」性を守るために、皇室と国民の区別を厳格にすべきである以上、認めるわけにはいかない。

　憲法が禁じる「門地による差別」に当たり、〝国民平等〟の原則に違反するという観点からも、養子の禁止は当然だろう。

　一方、皇族同士の間での養子縁組については、やや柔軟に考えようとする向きがあるかも知れない。しかし、皇室は全体が一つの存在である。なので、個別の宮家を存続させるために養子縁組を行って、系統上の混乱をもたらすのは避ける方がよいだろう。伊藤博文名義の『皇室典範義解《ぎげ》』（明治二十二年）にも、旧典範での養子禁止の理由について「宗家紊乱《ぶんらん》の門を塞《ふさ》ぐなり」としている。

　よって、この条文に手をつける必要はない。

しかし、第十条はそのままにしておくことはできない。こんな条文だ。

「立后《りっこう》及び皇族男子の婚姻は、皇室会議の議を経ることを要する」

要するに、男性天皇や皇位継承資格をもつ男性皇族が結婚される場合、そのご結婚の相手が国民女性であっても、新しく皇族の身分を取得されることになる。そこで、皇族として皇室を共に担うに相応しい人物であることが求められる。そのために、憲法が婚姻は「両性の合意のみに基」づくと定めている（第二十四条第一項）にもかかわらず、その例外として「皇室会議の議を経る」ことが必要と、あえて規定しているのだ。

しかし、最高法規である憲法の規定を、一法律にすぎない皇室典範によって制限することは、はたして可能なのか。これについては、憲法がその第一章で「世襲」の「象徴」天皇制度を設けているという事情がある。それを、制度の趣旨に合致させた形で存続させるために、第一章の適用対象である（皇統譜に登録された）天皇・皇族は、国民の権利を保障した第三章の適用がほぼ全面的に制約されてもやむをえない、というのが憲法それ自体の要請だ。だから、典範が上記のような制度を設けても、憲法違反にはならない。

そうすると、典範第一条の改正によって女性天皇の可能性が開かれ、内親王・女王も皇位継承資格を持たれることになると、それらの方々にも同じ制約が課せられることになる。

ご婚姻に際して皇室会議の同意が不可欠とされるのだ。

時おり、女性天皇・女性宮家に反対する論者が「女性天皇や女性宮家の当主になる内親王・女王の結婚相手が皇室に相応しいか不安がある」という主張をされている。しかし、男性天皇や男性宮家の当主とまったく同じ条件の下に置かれることになる。それなのに、女性の場合にだけ〝不安〟を強調するのは、ツジツマが合わない。そのツジツマの合わなさに気づかないほど、自覚なき「男尊女卑」の感覚にとらわれているということだろうか。

改正案は次の通り。

> 第十条
> 天皇並びに親王、内親王、王及び女王の婚姻は、皇室会議の議を経ることを要する。

第十一条は、「皇籍の離脱」をめぐる規定。

その第一項は、十五歳以上の内親王・王・女王は、ご本人の「意思に基き」、皇室会議の同意を得た上で、皇族の身分から離れることができる、と定めている。一般にはほとんど見逃されている事実だろうが、上記の方々は、ご自身の〝意思〟によって皇籍を離脱できる道が、すでに開かれているのだ。

以前、三笠宮家のご長男、寛仁《ともひと》親王が皇籍離脱の希望をほのめかされたことがあった（昭和五十七年）。しかし、「親王」は同規定からは除外されている。これは「世襲」制を安定的に機能させる憲法上の要請から、天皇と血縁が近い親王は除外しているのだ。

そうであれば、新しく皇位継承資格を認められる「内親王」についても、同じように〝除外〟する必要がある。よって、同項の改正案は次の通り（現行条文から「内親王、」を削除）。

第十一条第一項
年齢十五年以上の王及び女王は、その意思に基き、皇室会議の議により、皇族の身分を離れる。

次に、同条第二項は、「やむを得ない特別の事由があるとき」は、親王（皇太子および皇太孫の場合を除き）・内親王・王・女王の誰もが、皇室会議の議決により、皇籍離脱の対象となりうることを規定している。これは少しビックリするような条文かも知れない。

ここでの「やむを得ない特別の事由」というのは何か。「懲戒《ちょうかい》に値する行為があつた場合その他皇族としてその地位を保持することを不適当とする事情をいふ。皇族の数を調節する必要が生じた場合亦《また》これに当《あた》るであらう」（法制局「皇室典範案に関する想定問答」）とされている。

第十二条は丸ごと削除

つまり、畏れ多いが、直系の「皇嗣」である皇太子・皇太孫を除き、皇室会議の議決によって、すべての親王・内親王・王・女王は「懲戒」的に皇籍を剥奪される可能性があるということだ。このような厳しい制度がすでにあることは、一般にほとんど知られていないのではあるまいか。

ここで見逃せないのは、〝直系〟の皇嗣（皇太子・皇太孫）だけを除外している事実だ。言いかえると、一般的に〝傍系〟の皇嗣の場合は、懲戒的な皇籍離脱対象者からあえて外していない。傍系の皇嗣の場合は、直系と違って、次の天皇であることが必ずしも「確定」していないことを前に述べたが、典範がその皇籍離脱の可能性すら百パーセント排除していない事実からも、そのことは改めて裏づけられるだろう。

ただし、具体的に言って秋篠宮殿下の場合は、傍系の皇嗣ではあるものの、特例法に「皇室典範に定める事項については、皇太子の例による」（第五条）という条文が追加されたので、とくに除外されることになった。逆に、上記のような事情があったので、特例法にはこのような規定がことさら必要になった、ということでもある。

それはともかく、第一条の改正によって「内親王」が皇太子又は皇太孫であられる可能性が生まれた。よって、第十一条第二項の改正も必要となる。改正案は次の通り。

> 第十一条第二項
> 親王（皇太子及び皇太孫を除く。）、内親王（皇太子及び皇太孫を除く。）、王及び女王は、前項の場合の外、やむを得ない特別の事由があるときは、皇室会議の議により、皇族の身分を離れる。

さて、次の第十二条は改正ではなく、全面削除になるだろう。現行の条文は次の通り。

「皇族女子は、天皇及び皇族以外の者と婚姻したときは、皇族の身分を離れる」

この条文をそのまま残しておくと、第一条の改正によって、内親王・女王に皇位継承資格を認めても、ご結婚によって次々に皇籍を離れられてしまい、制度として機能しないことになる。もちろん、「女性宮家」は立てられない。

そもそも親王・王が結婚によっても皇族の身分を離れられないのは何故か。皇位継承資格を持っておられるからに他ならない。そうであれば、同じように皇位継承資格を新しく認められた内親王・女王が、親王・王とは違う扱いを受けてご結婚によって皇籍を離脱されるのであれば、制度としての〝整合性〟を欠くことになる。よって、同条は丸ごと削除される。

しかし、同条については以前、私は別のプランをもっていた。次のような改正案を提案したことがあるのだ（拙著『天皇「生前退位」の真実』）。

「女王は、天皇及び皇族以外の者と婚姻したときは、皇族の身分を離れる。但し、やむを得ない特別の事由があるときは、皇室会議の議により、皇族の身分を離れないものとすることができる」

これは、皇族から生まれた方はどれだけ世代をへても皇族であり続けられる「永世皇族制」を採用している現状で、「女王」も無条件にご結婚後も皇室に残られる制度にすると、皇族の数が増えすぎてしまう可能性が想定されるため、女性宮家の当主は原則として、世代制限がある内親王（二世まで）だけに限定しようと考えたためだ。それで行き詰まりそうな局面になれば、皇室会議の議決によって、〝例外的〟に女王も皇室に残れるようにする制度設計だった。

しかし、第一条では女王にも皇位継承資格を認めている。皇位継承資格を持つ方は親王も内親王も王も皆さま、ご結婚後も皇籍を保持される。にもかかわらず、同じく皇位継承資格をお持ちでも、女王だけご結婚によって一律に皇籍を離れられるという制度は、明らかに整合性を欠く。そのように考え直して、全面的に削除する案に変更した。皇族数の増加に対しては、第十一条で対応することになろう。

こうして同条については次の通り。

第十二条　削除

第十三条・第十四条は、機械的な変更にとどまる。私なりの試案を用意しているが、ここでは煩雑を避けて掲げないことにする。

皇位の安定継承への「正解」

現行の第十五条は次の通り。

「皇族以外の者及びその子孫は、女子が皇后となる場合及び皇族男子と婚姻する場合を除いては、皇族となることがない」

これが「臣籍《しんせき》に降下したもの及びその子孫は、再び皇族となり、又は新たに皇族の身分を取得することがない原則を明らかにし（略）皇位継承の純粋性（君臣《くんしん》の別）を保ったため」（法制局「皇室典範案に関する想定問答」）の条文だったことは、第二章でも触れた。選択肢⑤の旧宮家案を含む「（皇族でない）皇統に属する男系の男子」に新しく皇籍取得を認めるプランが、これに真正面からぶつかることは改めて言うまでもない。

ところで、内親王・女王方がご結婚後も女性宮家の当主として皇族の身分にとどまられるのであれば、その配偶者も男性宮家の場合と同じように、（内親王配・女王配として）皇籍を取得されるのが当然だ。

よって、改正案は次のようになる。

第十五条

皇族以外の者及びその子孫は、天皇又は親王、内親王、王若しくは女王と婚姻する場合を除いては、皇族となることがない。

これによって、内親王・女王のご結婚相手も（皇室会議の同意を得た上で）皇族の身分を取得されることになる。

以上で、選択肢の①女性天皇、②女系天皇、③女性宮家をセットで可能にする条文改正案を、ほぼ紹介できた。あとは、関連して改正を必要とする条文が少しだけある。

摂政を設置する場合の就任順序（現行第十七条）には、これまで内親王・女王が一番うしろに回されていた。しかし、それらの方々も皇位継承資格を持たれた場合は、当然ながら親王・王と同等に、位置づけ直さなければならない。さらに、皇后なども就任されていた。ならば、女性天皇の配偶者も同様でなければならない。

よって、改正案は次の通り（現行の第六号は削除）。

第十七条
1　摂政は、左の順序により、成年に達した皇族が、これに就任する。

一 皇太子又は皇太孫
二 親王、内親王、王及び女王
三 皇后又は皇婿
四 皇太后又は皇太婿
五 太皇太后又は太皇太婿
2 前項第二号の場合においては、皇位継承の順序に従う。

他には、「敬称」（現行第二十三条）と「陵墓」（現行第二十七条）の規定について、わずかな改正が必要だ。

第二十三条第一項
天皇、皇后、皇婿、太皇太后、太皇太婿、皇太后及び皇太婿の敬称は、陛下とする。

皇婿の敬称を、海外の例を参考に、「殿下」とする考え方もあるだろう。しかし、皇后「陛下」とあえて格差を設けるにはおよばない。そう考えて改正案をつくってみた。

> 第二十七条
> 天皇、皇后、皇婿、太皇太后、太皇太婿、皇太后及び皇太婿を葬る所を陵、その他の皇族を葬る所を墓とし、陵及び墓に関する事項は、これを陵籍及び墓籍に登録する。

これについては、改めて説明するまでもないだろう。

では、以上の皇室典範改正によって何が実現するのか。主なポイントを改めて整理しておこう。

〈1〉皇位継承資格の女性・女系への拡大。

その一↓内親王・女王方も皇位継承資格を持たれることになる（女性天皇）。

その二↓内親王・女王方がご結婚され、お子様に恵まれられた場合は、そのお子様も皇位継承資格を持たれる（女系天皇）。

〈2〉男女を含む「直系」優先の継承順序。

その一↓これまで排除されていた内親王・女王も含む継承順序になる。

その二↓その順序は性別を問わず従来の「直系」優先の継承順序がそのまま適用される。

〈3〉女性・女系宮家の創設。

その一↓内親王・女王がご結婚後も皇族の身分にとどまられ、ご自身が当主となられた宮家をお立てになる（女性宮家）。

その二↓女性宮家にお子様が生まれられた場合は、性別を問わず、宮家を継承され、又、新しい宮家をお立てになる（女系宮家）。

これらがすべて可能になれば、事態は皇位の安定継承に向けて大きく前進することになろう。

「正解」は他にないのだ。現に、小泉内閣当時の「皇室典範に関する有識者会議」の報告書の内容も、方向性としてはここで示したものと同じだった。

逆に言えば、これらが可能にならず、その〝手前〟で足踏みをしてしまえば、目先だけの「皇族数の確保」へのスリ替えに逃げ込んで、結局は当事者の皇族方に理不尽な仕打ちをする結果になる。

最後の章では、これ以上「宿題」の先延ばしを続けることが、皇室の方々に対していかに〝非人道的〟な振る舞いであるかについて、取り上げる。

第六章　皇室の未来について

誰も真剣に考えたくないのか?

「一代限りの女性宮家」という野蛮

私は何度でも言う。今の制度のままなら、皇室にはやがて悠仁《ひさひと》親王殿下たったお一方だけが残ることになってしまう。

そのことが、あらかじめはっきりと分かっている場合、畏れ多いが、悠仁殿下と結婚したいと考える国民女性がはたして現れるか、どうか。

しかも、必ず「男子」を一人以上生まなければ、長い歴史をもつ皇室を〝自分のせいで〟滅ぼしてしまうことになるという、〝およそ想像を絶する重圧〟がかかるとしたら。

「一代限りの女性宮家」などという、政治的妥協の産物としか思えないような、残酷な制度を内親王方に〝押し付け〟た場合でも、悠仁殿下のご結婚相手が必ず「男子」を生まなければならない事情は、何ら改善されない。何故なら、それらの宮家がいくつかあったとしても、次の代には途絶えてしまうからだ。

どれだけお子様に恵まれても、それらの宮家からは、皇位継承資格者がただのお一方も現れない。ならば、悠仁殿下のご結婚相手が「男子」を生むしかない。

そんな条件のもとでは、悠仁殿下のご結婚は極端に困難になってしまう。普通の想像力があれば、そう考えるしかないだろう。

そしてもし、万が一にも悠仁殿下がご生涯、独身を通されるような事態になれば、皇室の歴史はそこで終わる。

それ以前に、不測の事故など決してあってはならないことでも、危機管理の観点から当然、織り込んでおくべき事柄だ。現に、いずれも幸い大事には至らなかったものの、平成二十八年十一月に、悠仁殿下が乗られたワゴン車が、中央道相模湖IC付近で渋滞の最後尾に追突する事故があり、さらに同三十一年四月には、刃物を持った不審人物が悠仁殿下を狙って、お茶の水女子大学附属中学校に侵入する事件すら、起きている。しかし、政府も有識者会議も、そのような危険性からなるべく目をそらそうとしているようにしか見えない。

あまりにも無責任ではないか。

「女系天皇」を認めることは、もっと先延ばしできると錯覚していないか。

しかし、女系天皇を認めなければ、制度としての整合性から、女性宮家の継承もできない。一代限りの宮家にならざるをえない。ご結婚相手は、皇族にもなれないのに、憲法が国民に保障したはずの自由も権利も、法的根拠もなく大幅に制限される可能性すらある。

わが子は皇室の中で生まれたはずなのに、本人の結婚と共にか、それとも一定年齢に達したらか、どちらにしても皇籍を離れて、皇室にそのままとどまることはできない。その子は、皇位継承資格者でも、その配偶者でもない。皇位の世襲継承にかかわりのない立場だから、いつまでも税金で生活を続けるわけにはいかないからだ。

わが子が、そんな宿命を背負うことがあらかじめ分かっている以上、そのような結婚を望む国民男性がはたしてどれだけいるだろうか。

ご結婚後、共に国民として暮らすのであれば、もちろん話は別だ。共に力を合わせて、国民として自由な生活を追求できる。しかし、妻は皇族なのに自分は〝自由を奪われた〟国民。わが子は先のような境遇を避けられない。となれば、結婚に二の足を踏んだとしても、誰も責められないはずだ。

つまり、「女系」継承の容認を先延ばしすると、「女性宮家」は必然的に〝一代限り〟になり、それはご結婚のハードルが極めて高い「野蛮な」制度になる他ない、ということだ。もしめでたくご結婚の上、お子様に恵まれられても、先に述べた通り、実にお気の毒な状態になるし、そのような犠牲を払われても、皇位の安定継承には〝一ミリ〟の寄与にもならない。

有識者会議の議事録を拝見すると「時間軸」という便利な言葉が多用されている。自分たちの保身のためとまでは言わないが、彼らが〝火中の栗〟と思い込んでいる「女系」容認には手をつけずに先延ばしをして、何となく〝やっている〟感をかもし出せるような、目先だけの「皇族数の確保」対策をとりあえず打ち出そうというニュアンスで、使われているようだ。しかし、そこに手をつけなければ、目先の対策自体が機能しない。

「女系天皇」は時間軸の〝先〟にあるテーマではない。もし「女性宮家」という制度を採用するのであれば、〝同時に〟セットで取り上げなければならない。

旧宮家案は「パンドラの箱」

旧宮家案の問題性についても、これまで述べていない点について、言及しておこう。このプランが憲法の禁じる「門地による差別」に当たり、〝国民平等〟の原則に違反するとの指摘については、第二章で取り上げた。

このことがもつ深刻な意味について、もう少し掘り下げておきたい。

昭和天皇、上皇陛下、そして今の天皇陛下の、長年にわたる「国民に寄り添われる」ご努力のつみ重ねによって、今や圧倒的多数の国民が、天皇・皇室の存在を受け入れ、素直な敬愛の念を抱いている。それが実情だろう。

しかし以前は、数自体はさほど多くなくても、強硬な反天皇論者がいたし、一部には反天皇感情のようなものも、わだかまっていた。昭和から平成への時代の変わり目と、平成から令和へのそれでは、基調となるムード自体が大きく変わった。

昭和の時代には、昭和天皇の〝戦争責任〟をめぐる論理以前の怨念のようなものが、長く尾を引いた（昭和天皇の戦争責任をめぐる論理的・実証的解明については、大原康男氏「『天皇の戦争責任』覚え書」参照）。しかし、昭和天皇と上皇陛下ご自身が自ら進んで、むしろ背負われる必要のない「責任」まで、懸命に背負い続けてこられたそのお姿によって、そうした感情はほぼ過去のものになった。

しかし、「平等」という普遍的な価値と、天皇・皇室という日本独自の存在との関係については、さまざまな批判的観点を生み出しかねない素地が、今も完全に消え去ってはいないように思える。

私自身は、自由・平等という価値があまねく人々に保障されるためには、少なくとも現在および予想しうる将来の世界においては、国家統治のあり方が健全に保たれることが、前提として欠かせないと考えている。その前提を支える条件は、国によってさまざまだろう。わが国の場合は、天皇・皇室こそがとりわけ重要な役割を果たされているのではないか。そのように考えているので、天皇・皇室の存在を単純に平等の敵対物と見るような、硬直した旧式の考え方には賛同できない。

しかし、経済格差の拡大に歯止めがかからず、社会の各方面に不遇感やいわゆる〝上級国民〟への反発などが蓄積している時代傾向の中で、天皇・皇室を「平等」理念の対極にある存在と捉える見方が、もはや二度と現れないと決めてかかることはできない。

しかし、これに対しては、自由・平等の法的な意味での最後の〝拠り所〟と言うべき憲法それ自体が、天皇・皇室と国民の間に厳格な線引きをして、国民には「法の下の平等」を保障しながら（〝国民平等〟の原則）、天皇・皇室はその保障に欠かせない公的秩序の枢軸として、カテゴリー的に区別している——というクリアな説明ができる。

ところが、もし家柄・血筋を理由として、国民であるはずの旧宮家系の人々だけが皇室との養子縁組をできるという特権的な扱いを受けた場合、その〝線引き〟が崩れてしまいかねないだろう。すでに触れたように、旧宮家系の人々と、それ以外にも多く国民の中に存在する「皇統に属する男系の男子」との間の線引きも、どうなるか気がかりだ。そこの線引き自体が〝差別〟とも言いうるし、逆に線引きをしなければ、皇室と国民の線引きがとめどなく崩れてしまう危険性がある。

従って、旧宮家案は憲法違反と見なさざるをえないだけでなく、天皇・皇室と「平等」理念とのあやうい均衡を破る、「パンドラの箱」になりかねない。

よもや、政府がまともに取り上げることはあるまいが、くれぐれも警戒を怠ってはならないだろう。

皇位は何故「世襲」なのか？

憲法には、「皇位は、世襲」（第二条）と明記してある。天皇の地位の「世襲」継承は、憲法の規範的要請なのだ。

しかし、そもそも皇位は何故、世襲されねばならないのか。「それが伝統だから」では、説得力のある回答にはならない。伝統は、それぞれの時代の人々に〝価値あるもの〟として受け入れられ、新しい生命を吹き込まれることで、時代の移り変わりを越えて伝えられ、生き続けるものだからである。

もちろん、皇位は古代以来、〝一系〟の皇統によって継承されてきた。他国には類例を見ない、その稀有な事実自体が、一定の権威と正統性を支えるという事情が、確かにある。

しかし、いつまでも〝血筋だけ〟を、盲目的にありがたがる時代ではあるまい。それは、天皇が「日本国の象徴」「日本国民統合の象徴」であられるための、いわば〝必要条件〟であって、〝十分条件〟とまでは言えないだろう。

大切なのは、世襲という事実があることで、圧倒的多数の国民が、それまでの天皇との連続性・継承性を、理屈抜きにしっかりと実感できることだろう。その場合、必ずしも詳しい歴史の知識はいらない。神武天皇の実在をめぐる論争ともひとまず無縁だ。人々が感じとれる過去において、天皇を国家の公的秩序の頂点とし、国民結合の中心とするわが国のあり方が、その基調において受け入れられるものであれば、その〝延長上〟に天皇が引き続いておられる事実に、人々は安心感や信頼感をもつことができるはずだ。その延長性・連続性・継承性を、ほとんどすべての国民に説得力をもって印象づける上で、最大の威力を示すのが「世襲」という事実ではあるまいか。

そのような継承の感覚を、ほとんどの国民は無意識のうちに受け取っている。しかし無意識的にでも、その感覚を人々が皆、共有している限りで、その社会は格段に安定した基礎を与えられるだろう。こうした基礎をもつ社会ともたない社会では、かなり様子が違ってくるのではあるまいか。

少なくとも現代の日本人にとって、世襲にそのような意味があるとすれば、旧時代的なシナの「男尊女卑―男系主義」に由来する、男系・女系の区別はほとんど意味をもたない一方、「直系」継承がこれまで以上に重要な意味をもつことになろう。天皇との血縁の〝近さ〟についても同様だ。それでこそ、人々が自らイメージできるこれまでの天皇との、連続性・継承性・延長性を、〝より〟ありありと実感できる。

その点で、上皇陛下が上皇后陛下と共に古いしきたりを変更して、お子様を外に預けるのではなく、ご自身でお育てになる〝新例〟を開かれたことは、とても大切なことだった。先代の天皇からの継承性・連続性が強く印象づけられるだけでなく、実際に精神上の受け継ぎも期待できるからだ。

旧宮家案の根本的な欠陥は、この点にもあるだろう。事実上の血統においても、少なくとも「男系」では、天皇との距離は人々の実感に即せば、ほとんど無限に遠い。連続性・継承性・延長性については、それを理屈抜きで直感できる余地がないのだ。そこでやむなく、一部で「神武天皇のY染色体」などという、妄想的な呪文が唱えられた時期もあった。

皇室典範自体が、同じ皇嗣であっても、直系の皇嗣と傍系の皇嗣の扱いを、明確に区別している事実は、世襲がもつ意味に照らして、極めて妥当と言えるだろう。

今の皇室は幸いにも、一部に根強く残るシナ由来の「男尊女卑—男系絶対」という旧式の固定観念（からごころ）を清らかにぬぐい去り、「女性尊重—双系主義」というわが国本来の伝統（やまとごころ）に立ち戻れば、「直系」の皇嗣（つまり皇太子）を、直ちに確保できる恵まれた条件下にある。

しかも、それは皇位の安定継承を目指す方策を普通に採用すれば、そのまま現実のものとなるのだ。それなのに、いつまで、しりごみを続けるつもりなのか。

悠仁殿下ご誕生の光と影

改めて振り返ってみると、皇室の方々には申し訳ない歳月だったと思う。

今の皇室典範の無理なルールでは、やがて皇位継承が行き詰まるのは自明だった。だから、今から十六年前（平成十七年）に、小泉内閣の下に設置された「皇室典範に関する有識者会議」が「女性・女系天皇」へ向けた報告書を提出したのさえ、実はタイミングとしては遅かった。何故なら若い内親王・女王方はすでにお生まれになっていたからだ。ご自身の人生が、政府・国会の取り組み方次第で、〝他律的〟に一変させられてしまうかも知れない。

皇室の存続を願い、又、現在の憲法の「世襲」の「象徴」天皇制度を維持するのであれば、とっくに典範の改正を済ませておかなければならなかったはずだ。そうでなければ、当事者の方々がご自身の人生の将来が見通せなくなってしまう。

私がこの問題について、ミニコミ紙・誌などで声をあげはじめたのは、平成八年頃からだった。それより前、その頃、雑誌『正論』の編集長だった大島信三氏が「皇位継承システム　男系のみでよいか」と呼びかけておられた（産経新聞、平成七年六月十三日付夕刊）。どちらも今から二十年以上も昔のことだ。しかし、それ以来、事態は一ミリも改善していない。

この間、皇室には平成十八年に、秋篠宮《あきしののみや》家にご長男の悠仁親王殿下がお生まれになるご慶事があった。皇室にとって四十一年ぶりの男子ご誕生だ。当時、国内は祝福一色に染まった。たとえば、『週刊朝日』（同年九月二十二日号）の編集後記には、こんな一節があった。

「『紀子さま男児ご出産』の一報を聞いたとき、なんとも言えない晴れやかな気分になりました。と、同時にホッとした自分に驚きました。次の世代の皇位継承者が生まれたという安堵感からのものでした。ふだん仕事以外で皇室に思いを馳せることなどほとんどない自分が、こんな気持ちになれるとは。皇室の存在が国民の心に深く浸透しているのだなあと、改めて実感した次第です」（山口一臣氏）と。

同じような気持ちになった国民は多かったのではないだろうか。

実はその頃、大学生だった私の長男も、次のような下手くそな和歌を詠んでいた。

待ち待ちし　御子《みこ》生《あ》れまして　一筋の　希望の光　国を照らせり

和歌としては、箸にも棒にもかからない。だが、喜びに満ちたあの場面の雰囲気は伝わってくる。

しかし、そのご慶事そのものが、やっと本格化していた小泉内閣での皇室典範改正の動きを、ピッタリと止めてしまった。小泉内閣での有識者会議の報告書には、あらかじめ「今後、皇室に男子がご誕生になることも含め、様々な状況を考慮したが」と釘を刺していた。そして現に、令和の今、改めて皇位の安定継承が「先延ばしすることはできない重要な課題」（附帯決議）として政治（政府・国会）に突きつけられているのだ。

悠仁殿下ご誕生の瞬間、私はテレビ朝日の生放送の番組のスタジオにいた。東京都港区の愛育病院前にいたレポーターが男児のご出産を報告した。スタジオのキャスターから感想を尋ねられた私は、一人の国民として心からのお祝いを申し上げた。しかし、私は同時に重大な懸念を抱かざるをえなかった。「このたびのおめでたい男児のご出産が、現在、小泉内閣で進められている皇室典範改正の取り組みを遅らせたり、万が一にも押しとどめるような結果につながることがあれば、皇室の将来にとって、喜んでばかりはいられない」と。

しかし残念ながら、事態は私が懸念した通りになった。ご出産直後、中曽根康弘元首相が「これで今後、四十年は皇室典範の議論をする必要がなくなった」と発言したことを、NHKの記者から伝えられた。当日のNHKの生番組への私の出演も、急にキャンセルされた。

皇室典範の改正が必要であることは、悠仁殿下がお生まれになっても、何ら変わらない。しかし、典範改正の気運は一気にしぼんでしまったのだ。これ以後も、当事者の方々はそれまでと同じように、宙ぶらりんのまま放置されることになった。

そもそも、「男児ご出産」でなければ「ホッと……安堵」できない制度というのも、現代においておかしなことではないのか。

国民は皇室を裏切るのか

それから政治は無為無策のまま、十五年間の歳月が流れた。国会から突きつけられた特例法附帯《ふたい》決議の求めに応じて、政府はやっと重い腰を上げて、有識者会議を設置した。その本来の目的は「皇位の安定継承」を可能にする方策を検討することだったはず。なのに、いつの間にか「皇族数の確保」に逃げ込んでしまった。政府は衆人環視の中で明白なスリ替えを行おうとしているのだ。

そのスリ替えの理由は、現在の皇位継承順序をそのまま維持するため。しかし、今の継承順序を維持することと、「皇位の安定継承」を目指す方策が両立しえないことは、最初から分かり切ったことだ。「直系」優先の大原則を前提に、「女性・女系天皇」を可能にすることしか、現実的な選択肢はない。だから、それは当然のことだ。

しかも、そもそも「(傍系の)皇嗣」は次の天皇になられることが〝確定〟したお立場ではない上、秋篠宮殿下のご年齢から考えて、そのご即位を既定の事実と見ることはとてもできない。にもかかわらず、そのかりそめの継承順序を、水戸黄門の印籠《いんろう》よろしく振りかざして、最も肝心な皇位の安定継承への取り組みを、又ぞろ〝先延ばし〟しようと企てるとは、何という心ないしわざだろうか。

だが、有識者会議が公然と問題のスリ替えを行い、〝竜頭蛇尾〟に終わらざるをえない事情も、一方ではある。それは、同会議があくまでも政府の一諮問機関にすぎず、民主的な正統性をほぼ持っていないことだ。しかも今回の場合は、高い見識を有する人々が、一流の専門家の意見を聴取して、精緻かつ高度な報告書を完成させるという、エキスパートオピニオンとしての価値も、そのメンバーとヒアリング対象者の顔ぶれから見て、いささか失礼ながら必ずしも期待できない。

そのため、政府があえて「立皇嗣《りっこうし》の礼《れい》」という前代未聞の儀式をこしらえて、それが行われた後から議論をスタートさせるという、はなはだ手のこんだ舞台設定をしてしまった以上、議論を始める前から「枠」をはめられたに等しい。残念ながら、そこを突破できる勇気をもてなかったということだろう。

しかし、議論・検討の〝主戦場〟は本来、国民の代表機関である国会のはずだ。附帯決議にも、次のように明記されていた。

「(政府から)報告を受けた場合においては、国会は、安定的な皇位継承を確保するための方策について、『立法府の総意』が取りまとめられるよう検討を行うものとする」(傍点引用者)と。

上皇陛下のご譲位を可能にした特例法の骨格の取りまとめは、まさに「立法府の総意」

にもとづいて行われた。このたびはより重大なテーマだ。まさに国会の真価が問われるだろう。

その国会が本来、期待されている働きを見せることができるか、どうか。そこは国民の後押しにかかっている。国民が、この真の〝最優先〟課題に、無関心であってよいわけがない。

社会学者の大澤真幸氏が、こんな発言をされていた。

「もし天皇制を続けるのであれば、それを前提にした覚悟が必要だと思います。……誰かが奴隷になってくれればいいというような制度であったら、天皇になりたい人、皇室に入りたい人、皇室にとどまりたい人はそんなにいないでしょう。天皇制の支持率は高いのに、日本人が、この制度の持続可能性についてあまり本気で考えず、なるようになるさというようにしか見ていないのは不思議なことです」（木村草太氏との共著『むずかしい天皇制』）と。

ここでは、天皇・皇室には憲法上の自由や権利がほとんど全面的に制約されている事実をとらえて、「奴隷」という刺激的な言葉をあえて使っておられるのだろう。しかし、天皇という存在が「奴隷」でないことの証拠は、たとえば上皇陛下のビデオメッセージ（平成二十八年八月八日）の次のような一節をあげることができる。

「私が……天皇として大切な、国民を思い、国民のために祈るという務めを、人々への深い信頼と敬愛をもってなし得たことは、幸せなことでした」

上皇陛下はご自身が「象徴天皇」として力を尽くされた日々を回顧されて、「幸せなことでした」とおっしゃられた。自らの〝務め〟を振り返って「幸せ」と総括できる〝奴隷〟は、この世にいないだろう。ほとんどすべての自由を制約された「天皇」という存在が、それでも決して「奴隷」ではないと言い切れるのは、国民への「深い信頼と敬愛」をもって、そのお務めに当たって下さっているからだ。

しかし今、私ども国民が、「(天皇・皇室をめぐる)制度の持続可能性についてあまり本気で考えず、なるようになるさと」ばかりに、皇位の安定継承という最も切実で大切な課題から逃げ出すならば、それは天皇・皇室からお寄せいただく「深い信頼と敬愛」を、冷酷に裏切ることになるのではないか。

おわりに
――男尊女卑か、女性尊重か

皇位の安定継承を阻んでいる最大の要因は何か。歴史上、かつて存在しなかった最も窮屈な皇位継承資格の何重もの〝縛り〟だ。

この縛りをゆるめなければ、目先だけは皇族数の確保ができたように見えても、皇位の真の安定継承は望めない。

しかし、そのいくつもの縛りの中で、ゆるめられる余地は限られている。

まず、「皇統」に属する「皇族」による継承という条件は、絶対に外せない。又、天皇の正妻以外の女性（側室）が生まれたお子様（非嫡出子）やその子孫（非嫡系）による継承を再び認めることは、とても考えられない（非嫡出子として最後に即位されたのは第百二十三代・大正天皇）。

ならば、実際に解除できるのは、明治以来の「男系の男子」という制約しかない。

それは、明治の皇室典範が制定された当時の、「男尊女卑」の考え方にもとづく制約だった。ひさしく、皇位継承の標準的な形だった「譲位」の可能性すら排除されていた、皇室の歴史の上ではやや特殊な時代の〝遺物〟と言うべきだろう。皇統の中で「男系」だけ、皇族の中で「男子」だけにしか、継承資格を認めないという、いびつなルールだ。

その上、側室制度という今から振り返ると「男尊女卑」を前提としなければ成り立たない条件下でのみ、かろうじて〝持続可能〟な制約だった。

だから、側室が不在となり、非嫡出子（非嫡系）の継承可能性が制度上も排除された段階、つまり現在の皇室典範が制定された時点（昭和二十二年）で、直ちに撤廃するのが筋だった。しかし、そのことは果たされなかった。

皇室に嫁がれる女性は、「必ず一人以上の男子を生まなければならない」という重圧に直面することが、避けられない。これは、すみやかに撤廃すべきだったルールを、そのまま放置してきたことが招いた結果だ。しかも、皇室にお生まれになった女性皇族はどなたも、ご結婚と共に皇室を去られねばならない。これも同じルールが原因になっている。

しかし、もともとわが国の伝統は「男尊女卑」とはかけ離れていた。

日本神話の最高神が女性神の天照大神だったことは、その〝象徴〟だろう。天照大神は皇室の祖先神とされ、その神を祀《まつ》る伊勢の神宮は古代以来、全国の神社の中でも最高の格式をもつ。

　歴代の天皇の中にも、女性の天皇が十代（お八方）もおられた。「男尊女卑」の国なら想像もできないことだ。

「天皇」という誇りある君主の称号を最初に名乗ったのは、本文中で検討したように、女性の推古《すいこ》天皇だった。古代統一国家の建設に向けた大きな飛躍、「大化改新」の開始に当たり、決定的な役割を果たされたのも、女性の皇極《こうぎょく》天皇（重祚《ちょうそ》して斉明《さいめい》天皇）だった。国号が「倭」から「日本」に改まって最初に即位されたのも、これも同じく、女性で偉大な事績をのこされた持統《じとう》天皇だ。

　これらの女性天皇は、前後の事情を見れば、とても「中継ぎ」として即位されたとは言えない。

　わが国の代表的な古典である『古事記』『日本書紀』が成立したのは、それぞれ母娘であられた元明《げんめい》天皇・元正《げんしょう》天皇の時代だった。さらに、わが国の宗教的文化財の中でも際立った存在である東大寺の大仏が完成したのも、女性の孝謙《こうけん》天皇（重祚して称徳《しょうとく》天皇）の時代のことだ。孝謙天皇は女性皇太子のお立場から即位されており、「中継ぎ」ではなかった。

このように見ると、「男尊女卑―男系絶対」の考え方が強く根を張っていたシナや、その圧倒的な影響下におかれていた朝鮮半島とは、おのずから異なる国柄だったことが分かる。もちろん、それらの国々をさげすむのは当たらない。それはやむをえない地政学的必然とでも言うべきものだった。

わが国は、長くシナの影響を受けながら、さらに、中世以降、男性優位に傾きがちな武家支配の時代をくぐり抜けつつも、幸い「女性尊重」の伝統をついに失わないできた。最強の武家政権である徳川幕府が支配した江戸時代でさえ、明正《めいしょう》天皇・後桜町《ごさくらまち》天皇というお二方の女性天皇が即位された事実は、そのことをよく示しているだろう。

皇室の将来に深刻な不安を抱えている現在、シナ由来の「男尊女卑―男系絶対」という旧弊を、いつまでもそのままにしておくべきではあるまい。

勇気をもって〝やまとごころ〟に立ち返り、皇統の危機を根本から打開すべきだろう。

著者略歴

高森明勅《たかもりあきのり》

昭和三十二（一九五七）年、岡山県生まれ。

神道学者、皇室研究者。

國學院大學文学部卒、同大学院博士課程単位取得。

皇位継承儀礼の研究から出発し、日本史全体に関心を持ち、現代の問題にも発言。

「皇室典範に関する有識者会議」のヒアリングに応じる。

拓殖大学客員教授などを歴任。

現在、日本文化総合研究所代表。神道宗教学会理事。國學院大學講師。

著書に『謎とき「日本」誕生』『はじめて読む「日本の神話」』『天皇と国民をつなぐ大嘗祭』『日本の10大天皇』『皇室論』『歴史で読み解く女性天皇』『天皇「生前退位」の真実』などがある。

ホームページ「明快！　高森型録」のURLはhttps://www.a-takamori.com/

幻冬舎新書 631

「女性天皇」の成立

二〇二一年九月三十日 第一刷発行
二〇二一年十月十五日 第二刷発行

著者 高森明勅
発行人・編集者 志儀保博
編集人 小木田順子
発行所 株式会社 幻冬舎
〒一五一―〇〇五一 東京都渋谷区千駄ヶ谷四―九―七
電話 〇三―五四一一―六二一一(編集)
〇三―五四一一―六二二二(営業)
振替 〇〇一二〇―八―七六七六四三
ブックデザイン 鈴木成一デザイン室
印刷・製本所 中央精版印刷株式会社

Printed in Japan ISBN978-4-344-98633-6 C0295
た-8-3
幻冬舎ホームページアドレス https://www.gentosha.co.jp/
*この本に関するご意見・ご感想をメールでお寄せいただく場合は、comment@gentosha.co.jp まで。

幻冬舎新書

高森明勅

天皇「生前退位」の真実

平成28年8月、天皇が「平成30年に生前退位したい」と国民に緊急メッセージを発した。それを叶えるには皇室典範の改正しかない。天皇・神道研究の第一人者が世に問う「皇室典範問題」のすべて。

高森明勅

日本の10大天皇

そもそも天皇とは何か？　なぜ現代でも日本の象徴なのか？　125代の天皇の中から巨大で特異な10人を選び、人物像、歴史上の役割を解説。同時に天皇をめぐる様々な「謎」に答えた、いまだかつてない一冊。

辻田真佐憲

天皇のお言葉

明治・大正・昭和・平成

天皇の発言は重い。明治以降、その影響力は特に激増した。普遍的な理想と時代の要請の狭間で発せられる言葉に忍び込む天皇の苦悩と葛藤。気鋭の研究者が抉り出す知られざる日本の百五十年。

椎谷哲夫

皇室入門

制度・歴史・元号・宮内庁・施設・祭祀・陵墓・皇位継承問題まで

譲位と退位はどう違う？　新嘗祭は公費で賄う？　天皇という尊称はいつから始まった？　皇室と伊勢神宮の関係は？　平成が終わる今、知っておきたいこの国の成り立ちを、元宮内庁担当記者が詳述。